FKB
怪幽録

奇々耳草紙

我妻俊樹　著

竹書房文庫

目次

514

船堀氏が昔、池袋でナンパした女の子とホテルへ行くと、一部屋だけ残っていたパネルが点いたり消えたり明滅していたからフロントの人に「ここ空いてるんですか」と訊くと、「ええ」だか「いいえ」だかわからない返事がかえってきた。とりあえずボタンを押してみたところ、テープで補強されたボロボロの〈514〉の鍵を手渡されたので二人はエレベーターに乗って五階に上がった。

だが廊下を歩き回っても〈514〉の部屋が見つからない。〈513〉も〈515〉もあるが〈514〉がなかった。文句を言おうと思って一階に戻ると、フロントにはさっきとは違う女の人がいて「あらあ、ごめんなさいねえ—満室でしたのよ」と元気よく謝られながら鍵をもぎ取るように奪われ、お金を突き返されたという。

憤慨しながらホテルを出ると、入れ替わりに中に入ろうとするカップルがいたので「満室でしたよ」と船越氏が親切に声を掛けると、二人同時に振り返った顔がどちらも肌色の粘土に釘で線を引いたような奇妙な顔で、つくりかけの埴輪《はにわ》のようだった。絶句して見送った船堀氏に連れの女の子が「ねえ誰に話しかけたの」と不審そうに訊ねて、すっかり頭のいかれた人を見る目をしている。「ごめん、ちょっとだけここで待ちたいんだけど。行きたかったら行ってもいいよ」そう告げたら本当にそそくさと帰ってしまったので、船堀氏はしばらくホテルの前でさっきのカップルが出てくるのを待ってみたが、結局いつまで待っても戻ってこなかったという。

ある祭

病棟の廊下で夜、ふんどし姿のいなせな男たちが激しく揺らしながら通り過ぎる神輿《みこし》を目撃してパニックに陥っていた克子さんは先輩看護師から「わたしたちにはいいけど、患者さんには絶対にそれ言わないで」と釘を刺された。その神輿を見た患者で生きて病室を出られた人がまだいないのだという。

イキシチニヒ

平成十年代のある年の春のこと。

多岐川さんは夜遅く玄関のチャイムで起こされた。

少し前に寝付いたばかりだったから、何度かチャイムが鳴るまで自分が何の音を聞いているのかわからなかったという。


重い体をひきずるように彼は玄関へ向かった。

古い木造アパートで、ドアスコープは付いていない。

多岐川さんはドアに顔を寄せて「どなたです」と声を掛けた。

するとくぐもったような男の声で、

「シラオカです」

と返ってきた。

多岐川さんの知り合いにシラオカという人物はいない。

平中という友人はいるが、今聞こえたのははっきりシラオカだったし、声も平中とはほど遠い。

だが念のため多岐川さんは、

「平中か？」

と声を掛けてみた。

するとドアの向こうからは、

「ヒラナカです」

そう返ってきた。

多岐川さんは混乱した。

だが寝起きだった頭がしだいにはっきりしてきたので、ドア越しにこう問い詰めた。

「シラオカさんじゃなかったんですか」

すると少しの間を置いて外からは、

「シラオカです」

と返ってきた。

これはきっと通りすがりの酔っ払いだな、と多岐川さんは思った。

無視して放っておいて、しつこかったら警察を呼ぼう。

そう思って彼は玄関を離れた。

五分ほど経った頃、またチャイムが鳴った。

多岐川さんはついカッとなって玄関に向かって怒鳴《どな》りつけた。

「しつこいんだよ、通報するぞ！」

すると、ドアに顔を近づけたような声で、

「夜遅く悪い。ヒラナカだけどさ、泊めてもらえないかな」

そう言うのが聞こえてきた。

たしかに平中の声だったので、多岐川さんは狐《きつね》につままれたような気分でドアを開けにいった。


玄関の蛍光灯を浴びて、平中が心細げに立っていた。

「悪かったな。終電逃しちゃったんだけど、携帯のバッテリー切れて連絡できなくて」

そう怯えたような口調で言い訳を始めた。

多岐川さんは「いや、いいんだよ」と彼を部屋に上げながら説明した。

「ものすごい偶然でさ、今どっかの酔っ払いがチャイム鳴らしてヒラナカですって名乗りやがったんだよ、五分くらい前に。また戻ってきたのかと思って怒鳴っちゃったの、悪かったな」

それを聞いて平中も驚いた顔をしている。

「そうなんだ。このあたりって酔っ払いが多いのか？」

「まあ二筋となりが飲み屋街だから。でもチャイム鳴らされたのは初めてだけど」

職場の飲み会の帰りだという平中に毛布を一枚貸してやると、テーブルの向こうに寝そべってほどなく寝息を立て始めた。

多岐川さんはすっかり眠気が去ってしまっていたので、ウィスキーとソーダ、グラスを並べて一人で飲み始めたのだという。

ようやくほろ酔いになってきた頃、

「市会議員の×坂○男って知ってるだろ」

眠っているとばかり思っていた平中が急に話しかけてきた。

多岐川さんは選挙ポスターの、日に焼けた押しの強い笑顔を思い浮かべた。

「ああ、安西先輩のところの会社の社長だった人だろ」

「×坂○男が妾のホステスに産ませた子供がいるんだよ」

「そうなのか、よく知ってるな」

「女の子だ。その子が今年十八になったんだけど」

「もうそんなに大きいのか、高校生かな」

「子供の頃からずっと×坂○男に犯られてて、最近子供まで産んだ」

「えっ、×坂の子供っていう意味？　ほんとかよそれ」

「生まれた子がまた女の子だった」

「本当かどうか知らないけど、なんかきつい話だな……」

「その女の子もきっとまた×坂○男に犯られて、子供を産むんだろうな」

「おいおまえ、何言ってるんだよ」

「それで生まれてくる子もきっと女の子なんだ。当然×坂○男の愛人だ。それがずっと続くんだ、そういうもんだよ」

「何がそういうもんなんだよ！　おまえ大丈夫か、酔っ払ってるのか？」

「イキシチニヒって知ってるだろ」

平中は唐突に話題を変えた。

「いや知らない。なんだよそれ」

「そう、よく知ってるね。おれも最近知ったんだよ」

話が噛み合わなくなってきた。

寝ぼけているのかと平中の顔を覗き込もうとするが、ちょうど壁の方へ寝返りを打って多岐川さんに背を向けてしまった。

「電車に乗ってたら、目の前に女子高生が立ったんだよ」

壁に向かって平中はしゃべり続けた。

「車内はガラ空きで、いくらでも座るところがあるのにな。それで目障りだったから、おれは席を移ったんだ。そしたら女子高生もついてきて、また目の前に立ったんだ。どういうつもりかと思って顔を見たら、頭に包帯を巻いてたんだ。なんだ、怪我してるのかと思って同情したから、もう目障りでも我慢することにした。そしたらその子は吊り革を握ってない方の手で、窓の外を指さしたんだ。おれは何かと思って、体をねじって女子高生の指さす方を見たんだよ」

「団地だった。かなり歴史のありそうな煤けた建物がずらっと並んでた。しょっちゅう使ってる電車なのに、そのとき初めて存在に気づいたんじゃないかな。その団地の真ん中あたりに、ひとつだけ形の違う建造物があるのが見えた。給水塔かなと思ったけど、それには建造物と同じ長さの垂れ幕が掛かってたんだ。垂れ幕にはよく目立つゴシック体の字で〈イキシチニヒ〉って書いてあった」

「見通しがよくてしばらくのあいだ見えてたからそれは間違いない。団地の建物はそれぐらい遠くて、垂れ幕の字はそれぐらいデカかったんだ。前を向くともう女子高生はいなかった。役目を終えたんだろうね。足元には黄ばんで厭な臭いのする包帯が落ちてた」

「ちょっと調べてみたんだけど、イキシチニヒの上で願いを声に出して叫ぶと、たいていの願いは叶うんだそうだ。そんなものが自分の身近にあるなんて全然知らなかった。ちょっと調べればわかることでも、怠《なま》けて見過ごしているものはいろいろあるんだよな」

「人には使える力がないんじゃなく、力はあってもなかなか使う人がいないんだ。それには勇気とか、決断力とかいろんなものが関わってる。なあ多岐川、あの女子高生はおれにそのことを伝えるために、わざわざ目立つように頭に怪我《けが》をしたんじゃないか。やっぱり怪我をして、頭に包帯を巻いているような人でもないと、そうそうメッセージを受け止める気にこっちもなれないからな。世の中をよくする人はみんなそうだろ？　頭に大怪我をして、包帯をぐるぐるに巻いてる。そういうことが最近だんだんおれにもわかってきた」

「それでさ、いきなり結論を言うと、×坂○男は死ぬべきだというのがおれの意見なんだ。これはちょっと変えられない結論かな、おまえがどう思うか知らないが。さもないとな、あいつの十八の娘が産んだあいつの娘が、あっというまにまた十八になるぞ。あの男が手ぐすね引いてそのときを待ってる。こういうことは急がないと何もかも無駄になる。十八になってからじゃ手遅れだし、それは今だから早すぎるってことではないんだ。むしろいろんなことはすでに手遅れが始まってて、おれはもう手にいやな汗をかきはじめてる。だからおれは次の駅で電車を降りて、あそこまで歩くことにしたんだよ」

そこまで声が聞こえたところで、急に平中は静かになった。

やっと眠ってくれたのかとほっとした多岐川さんは、しばらく酒を飲み続けた後、むこう側に落ちた柿ピーの袋を取ろうとしてテーブルに身を乗り出した。

すると友人の寝顔のかわりに、床に散らばった柿の種が目に入った。

傍にはわずかに皺が寄って膨《ふく》らんだ毛布だけがひろがっている。

あれっと首をかしげつつ、トイレにでも行っているのだろうと思って時計を見ると、まだ始発には程遠い時刻だった。

散らかした柿の種を拾い集めて捨てると、多岐川さんはベッドに入って眠りに就いた。

夢の中でも平中の話は続いていた。

ただ、なぜか窓の外の暗闇から声が聞こえてくるので、何を言っているのかまでは聞き取れない。

時々カーテンが揺れて風が入ったことがわかり、そのときだけ平中の声がふっと大きくなった。

興奮して演説でもしているような、エキセントリックな口調だったという。

目が覚めると窓は閉まっていて、鍵も掛かっていた。

毛布はゆうべと同じように無造作に床にひろがっていて平中の姿はなかった。

トイレにも姿がなかったので玄関を見ると、見慣れた自分の靴だけが並んでいてドアの鍵が内側からロックされていた。

不安になって多岐川さんは平中の携帯に「いつ帰ったの?」とメールを入れたが、夜になっても返事がくることはなかった。

平中が死んだという知らせが彼の家族から届いたのはその日の夜遅くだった。

多岐川さんの住むアパートから四、五キロ離れたところにある団地の敷地内で、地面に倒れている平中の死体が住人に発見されたのだという。

ポケットに両親に宛てた遺書が入っており、間近に建つ給水塔の扉に鍵が掛かっていなかったことから、塔の頂上から飛び降りた自殺であると警察に断定された。

発見されたのは前日の夜中だが、直前に不審な人影がうろつくのを帰宅途中の住人が目撃しており、日付が変わる前には決行されたものと思われる。

つまり多岐川さんの部屋を訪れたときにはすでに彼は給水塔から身を投げていたはずである。

部屋の床に横たわって多岐川さんと話していたときはすでに、地面で頭蓋骨を割って血を流す遺体が四、五キロも離れた場所で発見されていたはずなのである。

多岐川さんは友人を失ったショックとともにこの矛盾に大いに困惑したが、あの晩の平中が喋っていた異常な内容を思うと遺族はもちろん、友人たちにも打ち明ける気にはなれなかった。だから彼のまわりの人は彼の体験を誰も知らない。

平中には遺書のほかに、バッテリー切れの携帯電話の中に書きかけのメールが一通残されていた。

作成日時は飛び降り直前と思われる午後十一時過ぎで、宛先には多岐川さんを含む数人の友人が指定されていたが、内容は白紙だったという。

両親に宛てた遺書は型通りと言っていいようなもので、死を選ぶ理由についてはただ「疲れた」と一言のみ記されていた。

翌年行われた〇〇市議会議員選挙では現職の×坂〇男氏が、大方の予想に反して得票数が伸びず、落選を報じられることとなった。

次の市議会選挙でも落選して引退した後、ほとんど公の場には出てきていないが、今のところ×坂氏は地元で健在のようである。

いずれ殺す男

竹内さんの小学校の同級生だったNは何の前ぶれもなく人を殴ることがあった。

それも腹が立ったとか、気に入らないといった個別の理由があるわけではなく、ただいきなり殴りつけて本人はにやにや笑っていた。

竹内さんはなぜかNになつかれてよく一緒に遊んだが、ある日家に遊びに来たNを見たお祖父《じい》さんがその日の晩、夕飯の食卓で竹内さんの目をしみじみと見つめて「あれはいずれ人を殺す男だ」と静かにつぶやいた。

びっくりして「どういうこと？」と返す竹内さんに、お祖父さんは萩焼《はぎやき》の湯呑をすするばかりでそれ以上何も言わなかった。

その後はNが家に遊びに来ていても、もうお祖父さんは竹内さんに何も言うことはなかった。

だが十数年後にNが小さな子供を誘拐して殺した容疑者としてニュースに報道されたとき、まだ存命だったお祖父さんはテレビの前でぼそっと「あの子は脇腹から海老《えび》の脚《あし》みたいなのが飛び出てたからなあ」とつぶやいた。

お祖父さんの話では、Nの脇腹にあったという「海老の脚」はつねにもぞもぞ動いていて、横に座っている竹内さんの腰のあたりを先端で撫でたり、突付いたりしていたという。お祖父さんはNが来るたびにそうしたNの孫へのちょっかいを見ては（馴れ馴れしいのう）（またもぞもぞしておる）と苦い気分になっていたそうだ。

ただ、どうしてそこから「Nが人を殺す」と思ったのかを家族が訊ねてみても、お祖父さんはもうそんなことをかつて自分が予言したことじたい覚えていないようだった。

その頃のお祖父さんの言動には、少しずつ認知症の症状が出始めていた。

ザンヌキ

明け方、西垣さんが繁華街の端のほうを歩いていると、ある店のシャッターの前にしゃがみ込んでいる二人組がいた。

若い女同士のようにも見えるし、一人は髪の長い男のようにも見える。

肩を並べて座り、いくらか体を斜めにして向かい合う角度になっていた。

きっと夜通し飲んでいた酔っ払いだろうと思いつつ少し離れたところを歩いていくと、二人が小声でかわす会話が聞こえてきた。

「ザンヌキにさあ、まだ死んでないって教えたらすごい勢いでキレられて。いや死んでるから、ほら見てみろって歯むきだして言いながら調子よくあちこち刺すんだよ」

「それって自分で自分をってことだよね。手とか足とか？　お腹も？」

「そうはらわたとか、顔とか。だけど血なんて出ないいんだよもちろん、どうがんばってもザンヌキだから」

「ばかだねえ、もっと自分を大切にしたいよねえ、別人じゃないんだから」

「だよねえ、別人だったら別人で一、二、三、四でやっていけるんだけどねえ」


通り抜けるとき思わず聞き耳を立てたのに気づかれたのか、二人の会話がふっと途切れて西垣さんの足音だけが響き渡った。

足早に通り過ぎてからこっそり振り返ると、二人はしゃがんだままでこちらを見ていた。二人とも、目が異様にぎらぎらと光っており、夜行性の獣のようだったという。


自販機でコーヒーを買おうと財布を開くと、中の紙幣や硬貨にみな「ざんぬき」と白い字で書かれていた。

西垣さんは非常に驚いて指でこすったり、家に帰ってから水で濡らしたりしたが字は消えない。多少薄れるということもなかった。そもそも「ざんぬき」というのが何のことかわからなくて気味が悪いし、さっきの二人はどこにでもいる普通の人間にしか見えなかったけれど、これでは何か人間以外のものに会ってしまったように思える。そのことにも薄ら寒い気持ちにさせられた。

夜が明けきる前にまた家を出て、西垣さんは近所の神社に行くとそれらのお金を全部賽銭箱の中に投げ入れて帰ってきたという。

けがれたお金を神様に押し付けるみたいで後ろめたかったが、おかげで肩の荷を下ろしたようなすっきりした気分になれ、ぐっすりと眠れた。

それから一年ほどの間、西垣さんはなぜか右目の視力が悪かった。右だけで、左は普通の視力のままだ。だから左右のバランスが悪くて目が疲れるのだが、どうにか字も読めるし、眼科や眼鏡屋に行くことは後回しにしていた。すると一年後くらいに急にまた右目の視力が戻り、西垣さんは「あわてて眼鏡をつくったりしなくてよかった」と思ったという。

視力が悪かった期間、買い物をすると何度か「ざんぬき」と書かれた紙幣や硬貨を釣銭として受け取った。それが以前自分が賽銭箱に捨ててきた紙幣や硬貨そのものなのか、ほかにも同じ字の書かれたお金が出回っているのか、西垣さんにはわからなかった。財布に入れておくと、知らずに使っているらしくいつのまにかそれらのお金は消えていた。

視力が元通りになってからは文字入りのお金を見なくなっている。おそらく「ざんぬき」からは解放されたとみていいと、西垣さんは考えているようだ。

ハウツー・サックス

近所の河川敷で夜、サックスの練習をしている人がいた。

飼い犬を散歩させていたGさんがその音色を耳にし、そっと近づいてみると、暗闇の奥のほうに白いシャツの背中らしいものがひらひらと動いているのが見える。

ふと演奏が止んで、その人がこちらを見ているような気がした。

迷惑だったかなと気づいて彼女が引き返そうとしたとき、急に犬が川原に飛び出した。意表をつかれたGさんは犬にリードを取られてしまい、人影に向かって一直線に駆けていく愛犬の名をあわてて何度も叫んだが、犬は飛ぶように走って止まらなかった。

褐色《かっしょく》の肢体がふわりと浮き上がるところが見えたので、青くなって彼女が駆けつけると、地面に転がるサックスにじゃれつく犬がいるだけで人の姿がない。

川面のわずかな反射光しかない闇の中だが、身を隠すような場所はなかった。サックスは転がされながらしだいにサックスの形が崩れていって、いぶかしんだGさんがスマホで光をあてて見たところ、苦しそうにのたうっているそれの下端には顔らしきものが現れていた。

やがて直径が大根ぐらいの黄色い蛇のような生き物に変わったので、Gさんは悲鳴を上げて、飼い犬をその場に置いたまま無我夢中で家に逃げ帰ってしまった。

犬はほどなく自分で家に帰ってきたが、口の端に酸っぱい臭いのする泡をたくさんつけていた。それから食欲がすっかり落ちて元気がなくなり、獣医に診せても原因がわからないまま、ひと月後にはまだ二歳の若さで早死にしてしまったという。

ほうたいをまいたいぬ

毛利くんは小学生の頃、放課後の教室でこっくりさんに自分の前世を訊ねたところ、

〈あたまにほうたいをまいたいぬ〉

という答えが返ってきた。

まわりを囲んでいた同級生たちにどっと笑われ恥をかいた毛利くんは、頭に来たのでこっくりさんに向かってこう悪態をついたという。

「そういうおまえは何者なんだよ、どうせ馬鹿で薄汚いキツネかタヌキだろ」

すると、十円玉は指の下でするすると動いて次の七文字を示した。

〈いぬのかいぬし〉

途端に毛利くんははげしい頭痛に襲われ、その場で白目をむいて変なうなり声を出しながら教室の床に昏倒してしまった。

保健室に運ばれてようやく気がついた毛利くんは、

「金属の棒のようなものを振り上げた髭面《ひげづら》の若者に、怒声を浴びせられながら何度も殴られる」

という内容の夢を見ていたと青い顔でつぶやき、しばらく体の震えが止まらなかった。

夢の中で毛利くん自身は地面に臥《ふ》せっている小型犬で、ひたすらおびえて震えているだけの無力な状態だったという。

保健室に運ばれてきたとき毛利くんの額や首、肩には広範囲に痣《あざ》ができていて、頭にはいくつも瘤《こぶ》があった。

椅子から床にずり落ちただけの怪我《けが》としては、まるで考えられないひどいものだった。

めがり屋

辰雄さんが高校時代、受験準備のため近所のスーパーでのバイトを辞めた日のこと。

新しくバイトに入るという男子大学生が店に来ていて、パートのおばちゃんから仕事の説明を受けていた。

会釈してその横を通り抜けるとき、辰雄さんは大学生の顔に見覚えがあるような気がしたという。

思わず立ち止まってじっと見てしまったところ、大学生も不思議そうに辰雄さんの顔を見つめ返している。

「どこかでお会いしたこと、ありましたっけ」

辰雄さんがそうおずおずと訊ねると、少し考えてから大学生が自信なさげに答えた。

「もしかしたら、めがり屋で会ったとか……」

ああそうだった！　と辰雄さんもすぐにその名前に反応した。

たぶん一昨年頃だと思うが、この人とはきっとめがり屋で一度だけ会っているのだ。

「たしか……一昨年でしたよね」

そう大学生も言って、目を大きくみひらいた。


だが、めがり屋というのが何なのか辰雄さんは思い出せない。店の名前だったのだろうか。

狭い所にたくさん人が詰め込まれていて、みんな同じ方向を見て座っていた。

その中にたぶんこの大学生もいたのだろう。

視線の先に何か大きなもの、仏像と花輪を合わせたようなものが鎮座していたような気がする。

だけどその場所がどこにあって、なぜそこに自分が出かけたのか思い出せなかった。

「でも何でしたっけ、めがり屋って」

辰雄さんがそう首をかしげていると、大学生は「それは」と言いかけたきり絶句した。

やはりそれ以上のことは覚えていないらしく、眉間に皺《しわ》を寄せて辰雄さんに助けを求めるような目をしている。

結局二人ともそれ以上のことがまったく思い出せず、変に気まずい感じで話がそれきり途切れてしまった。

十日ほど経ってから、辰雄さんはスーパーに客として訪れた。

店員にあの大学生は来ているかと訊くと、たった一日でバイトを辞めてしまったという。

「辞めたっていうか、無断欠勤して連絡取れなくちゃったんだよ。携帯は繋がらないし、家の電話も止まってるみたいだし、一体どうなっちゃってるんだろうね」

そう言って肩をすくめていた。

ラーメン

「そういえば、おれたち何でラーメン食ってるんだっけ」

市野くんはぼそっとつぶやいて、額に手をあてた。

目の前には中身が半分ほどに減ったラーメンの丼がある。

脂《あぶら》が浮いたスープに、刻みネギとホウレン草、ちぢれた中華麺が漂う。

隣には友人の巨漢の加賀谷が座っていた。

同じものを頼んだようだが、加賀谷の丼にはわずかなスープにメンマの切れ端が残るだけ。

カウンターだけの細長い店である。

背後には人がぎりぎり一人通れる隙間しかない。

自分たち以外に客はいないようだ。

「ええと、加賀谷の姉ちゃんの家に遊びにいって、焼肉をご馳走になって、帰りに渋滞に巻き込まれて……」

その先が思い出せなかった。たぶん助手席で眠ってしまったのだろう。

続きを言ってくれることを期待してちらりと横を見ると、窮屈そうに椅子に座る加賀谷は、口を半分開けたような妙な状態で固まっていた。

何か音がすると思うと、加賀谷のジャケットの内ポケットで携帯が鳴っているらしい。

それに出ようとするどころか、まばたきもせずに加賀谷は前方の厨房を見ていた。

だが視線の先には整然として人気《ひとけ》のない厨房の、壁があるだけである。

そのとき市野くんは猛烈な吐気に襲われた。

暴れる胃の腑《ふ》を押さえつけるようにしてトイレに駆け込み、便器に中身をぶちまけた。

すると食べた覚えのない未消化の葉っぱ類が大量に便器の陸から池にかけてひろがった。

笹のようなかたちのそれらに時々、サイコロのような透明なものが混じっている。

どういうことなんだよこれ、と市野くんは空白になったような頭でしばらく便器を見つめていたという。

腹痛が落ち着いたのを確認すると、水を流して外に出た。

カウンターには丼が二つ並んでいる。

だが加賀谷の姿がなかった。

どこへ行ったんだろうか、とスツールと壁の隙間を歩いてガラス戸の方へ向かう。

暖簾《のれん》で上半分が隠されて灰色の路面だけが見えている。

ガラス戸は左側が開いていた。

赤地に〈中華そば〉と白抜きされた暖簾をめくって、市野くんは表をうかがった。


すると道を渡ったところにもう一軒、ラーメン屋があった。

というか、ラーメン屋しかなかった。

平屋の店舗の背後には黒くて何なのかよくわからない壁のようなものがそびえ、ラーメン屋の左右にもその壁が続いている。

道沿いに壁は左右ともずっと遠くまでのびていて、途中からはそれが壁の黒さなのか、道路ごと暗闇にまぎれているのか判別できなかった。

どうやらこちら側も似たり寄ったりで、並びに建物も草木も見当たらない。

むこうのラーメン屋も赤地に〈中華そば〉と白抜きされた暖簾を下げていた。

ガラス戸が半分開き、そこから店内のようすが見えている。

カウンターに座っている客がどうやら加賀谷のようだ。

大きな体を折り曲げて窮屈そうに座っていた。

おかしいな、あいつ何であっちの店にいるんだろう。

市野くんは道を渡って友人を呼びにいくかどうかを迷った。

たぶんこっちの勘定がまだ済んでいないはずだ。

そう思って厨房に声を掛けたが誰も現れない。

市野くんはこちらの厨房と道向かいのラーメン屋を交互に見た。

何度目かに厨房に目をやると、視界の隅に大きな人影があった。

いつのまにか加賀谷が元の席に座っている。

だが加賀谷は上半身裸になり、贅肉《ぜいにく》たっぷりの腹をひざにのせるような姿勢で、背中には大粒の汗を浮かせていた。

脱いだ縦縞のシャツが床に落ちて、得体の知れない水たまりと一体化していた。

傍に立って呼びかけても無反応で、汗だけがだらだらと流れ続けている。

もしやと思って市野くんは出口の方を振り返った。

そこではいつのまにか道を渡ってきていた加賀谷が、暖簾をめくって店内に踏み込もうとしてるところだった。

入ってきた方の加賀谷は縦縞《たてじま》のシャツを着ているが、そのかわり下半身が裸であった。

ぼってりと肥《ふと》って垂れ下がる腹肉の下から、わずかに陰毛と性器が覗いている。

足も裸足《はだし》だ。

脛毛《すねげ》が渦を巻いていた。


「来いよ！」

下半身裸の方の加賀谷が裏返りそうな声で叫んだ。

「馬鹿！　何やってるんだとっとと来い！」

紛《まぎ》れもない加賀谷の声ではある。

市野くんはちらちらとカウンターにいる加賀谷を気にしながら出口に近づいた。

カウンターの、上半身裸の加賀谷は相変わらず汗だくで無言のままだった。

いきなり両腕を掴まれて、市野くんは持ち上げられるように店の外へ引きずり出された。

そのまま重なるように地面に倒れこんだ。

身を起こして前を見ると、たった今転げ出てきた出口が見あたらない。

ガードレールの隙間の向こうに虚空があり、はるか先の森の上で星が瞬いていた。

振り返ると加賀谷が小山のような腹の向こうでぜえぜえと息をあえがせていた。

折りたたんだズボンらしきものを脇に抱えている。

市野くんは記憶にないのだが、のちに加賀谷が語ったところによれば、帰途尿意に耐えかねた彼らは人気のない道に車を入れると二人で少し離れた場所で立小便をしていたのだという。

ふと見ると市野くんが崖になっている側のガードレールを乗り越えようとしていたので、小便も出し切らないまままあわてて駆け寄って引き止めたのだという。

加賀谷が昔からズボンとパンツを全部脱がないと小便ができない男だったことを、市野くんは思い出した。

つまり、こっちの加賀谷で正しかったのだろう。

ラジカセ

北さんはつい先日、地元の地下街の一角で妙なものを見たという。

駅から入って通路を右へずっと歩いていくと突き当たりにビルへの入口がある。その手前あたりに彼が小学生の頃に流行《はや》ったような、古い大きなラジカセが輪をなすようにいくつも置かれていた。

たぶん七、八台はあったんじゃないかという。

かすかに音が聞こえていたので近づくと、民謡のような甲高《かんだか》い男の声が流れていた。

しかしそんなにたくさん並んでいるのに、蚊の鳴くようなボリュームで聞こえているのがおかしいし、微妙に音程が揺れているのが生々しく感じられた。

いったい何のためにこんなことをしてるんだろう、と周囲を見たけれど近くに人の姿はなく、遠くのほうを歩く通行人はラジカセの存在に気づいていないようだ。

とりあえず写真でも撮っておくか、と北さんがスマホを取り出すと後ろから「何してんの」と声をかけられた。

見ると警備員らしい制服を着た男がすごく横柄な態度で「駄目ですよ、こんなこと」と顎《あご》で示しながら近づいてくる。

なので北さんは「おれじゃないですよ」とあわてて否定したが、どうやら警備員はラジカセのことを言っているのではなく、スマホで撮影しようとしていたことを咎《とが》めているらしい。

よく見ると警備員のくせに足はサンダル履きだし、帽子は斜にかぶって今にも頭からずり落ちそうだった。

はっとした北さんはこんな奴に関わり合いになるのはよそうと思って、そのまま目の前のビルの入口に入り、階段を駆け足で上っていった。

すると男が何か大声を出したが、それにかぶさるようにラジカセの民謡の声が割れるほど大きくなったので何を言ったのかは聞き取れなかった。

その晩アパートのチャイムが鳴ったので誰だろうとドアスコープを見ると、昼間の警備員の男だった。

ぎょっとしたのちに猛烈に腹が立ち、思わずドアを開けて相手の襟首《えりくび》を掴もうかと思ったが、もう一度スコープを覗くと北さんはその考えを改め、静かに部屋に戻って布団に潜り込んだ。

外にはまったく同じ顔と服装の男が、三人並んでいたのである。

一字

Nさんの職場では毎年のように自殺者を出しているが、今まで亡くなった人たちはほとんどの場合、名前にある漢字一文字が含まれている。読み方はまちまちで苗字だったり下の名前だったり位置もさまざまだが、どこかにその文字が入っていた。

そしてその漢字とは、創業当時の旧社名に含まれていた一文字なのである。

人名としてけっしてありふれているとは言いがたいその漢字の入った名前の新入社員やバイトを、会社が毎年少なからぬ人数採用し続けていることが一番怖いんですよ、とNさんは声をひそめ、付け加えた。

屋根の眺め

子供が投げたボールが屋根に乗ったまま落ちてこないので、Hさんはベランダから屋根に降りて慎重に端のほうまで歩いて取りにいった。

するとこちらに枝を伸ばす庭のタイサンボクの木と屋根の間の中空に、白い人形のようなものが二つ浮かんでもつれあっているのが見えた。

驚いて滑り落ちそうになりながらどうにか踏ん張り、目を凝らすと、それらはまわしを締めた力士の姿をしている。

頭にはちゃんと髷《まげ》も結われていたという。

二つの力士のようなものは中空でまわしを取り合い、はげしく相撲を取っていた。

だが、どちらも顔はつるっとした剥き卵のようで目鼻がなかった。

いくぶん背の高いほうの力士が豪快に相手を投げ飛ばすと、まるで土俵があるように負けた力士は大の字に宙に横たわった。

そこに背後の景色がせり上がるように見えてきて、力士たちは掻き消えてしまった。
まるで立体的なテレビ画面を見ているようだったが、音はいっさいしなかったそうだ。

T県の賃貸一戸建てに住んでいた頃の出来事である。

家出

政代さんは高校生の頃、家出して大学生の男の部屋に二週間ほど泊まっていた。

その部屋で昼間一人で寝ていると、肩を揺さぶられて目覚めることが度々あった。

寝ぼけたまま辺りを見るが誰もいない。

男の友達か、あるいは彼女でも部屋に来て、寝ている政代さんの姿を見ていやがらせをしているのかと思った。

だが相手の姿を見ていないし、足音やドアを閉める音が聞こえないのも変だなと思っていたという。

それとなく男に訊ねても曖昧《あいまい》にはぐらかされてしまう。家出中という立場もあって政代さんはあまり深く追及しないことにした。

その日も男が学校へ行ってから政代さんは二度寝をしていた。いきなり肩を強く揺さぶられて目を覚ましたのだが、揺さぶる相手の手首を無意識のうちにつかんでいた。

はっとして体を起こした政代さんは、右手で自分の左手首をつかんでいることに気づいて呆然とする。

帰ってきた男にそのことを話すと、男は異様に機嫌よくにこにこしながら聞いていたが、話が終わるとにこにこしたまま「出て行ってくれ」と言った。

理由を訊いてもそれには答えず同じ表情のまま「今日中に」と付け足された。

その笑顔が恐ろしかったので政代さんはわずかばかりの荷物をまとめそそくさと部屋を出て、二週間ぶりに家に帰った。


帰宅後弟に聞いたところによると、政代さんの家出中、誰もいないはずの政代さんの部屋からたびたび話し声が聞こえたという。

帰ってきたのかと思って覗くと誰もいない。でもたしかに政代さんの声だったし、部屋で電話をしているときの声にそっくりだった。

だから姉はもうどこかで死んでいて、幽霊の声を聞いているのかと思っていたそうだ。

花瓶

　春夫さんが工場を辞めてコンビニのバイトを始めたばかりの頃、よく店に来る三十代くらいの女の人がいた。けっこう美人なのだが、始終何かぶつぶつ独り言をつぶやいている。買い物は普通にしていくものの、春夫さんは内心少し警戒して見ていたという。

　昼休みでレジが混雑していたとき、その女性が店に入ってくるのが視界に入った。しばらくして女の人は弁当を持ってカウンターに来たので、手に取ると違和感をおぼえてよく見たらゴミ箱から拾ってきたような異臭のする食べかけの弁当だったという。ぎょっとして春夫さんが女の人を見ると、何も言う前にくるっと背を向けて、そのまま手ぶらで店を出て行ってしまった。

　それから女の人は店に現れなくなった。その代わり、仕事の帰りに夜道を歩いていると道端によくその女の人が立っていて、

「花瓶の水が腐ってませんか！」

と言いながら追いかけてきたり、ガラス製の花瓶らしき物を振り回すようになったので春夫さんは帰り道のルートを替えた。それでもしばらくたつとまた新しい帰途の道端に立って、その人はわけのわからないことを言いながら飛びかかってきたり、花瓶を無理やり手渡そうとしてくる。

その頃になってようやく「あの女はストーカーなのでは」と春夫さんは気がついた。コンビニに来ていたのがそもそも春夫さん目当てだったのだろう。自分みたいな男が女につきまとわれるなんて、と春夫さんは意外に思った。だが何で花瓶なのか。あの花瓶を受け取ってしまえば気が済んで、つきまとわれなくなるということはないだろうか。

いや、それはやはりまずいのではという気がした。受け取ることであの女との関係を〈先〉に進めることになる、ように思えた。少なくとも向こうはそう考えるのではないか。

ひさしぶりに女の姿を見ずに帰宅した晩のこと。春夫さんは夢を見た。車を運転している夢だ。現実の春夫さんは免許を持っていないから、運転は見よう見まねだがどうにか事故を起こさず走らせている。

車は自宅近くにさしかかったらしい。見覚えのある交差点を右折して、青い壁のアパートが遠くに見えてきた。どうしよう、車庫がないなと思いながら減速し始めたとき、目の前に人影が飛び出してきた。あわててブレーキを踏んで、車から飛び出すと女が倒れている。路面にうつぶせに倒れているので顔が見えないが、あの女に違いないと思う。見たことのある柄のワンピースの手足が、奇妙な記号のようなかたちに折れ曲がっている。

自分の声に驚いて目が覚めた。部屋の電気をつけて、思わずベランダに出るとアパート前の道を見下ろす。もちろん春夫さんが運転していた車も、女の姿も見当たらない。ようやく気が落ち着いてきたので布団に戻ったが、夢の続きを見てしまいそうで朝まで眠れなかった。


翌日バイトのために部屋を出ると、昨日〈事故〉を起こした場所を通りかかる。ふとガードレールが気にかかる。支柱に紐のようなものが巻きついている。ぼろぼろの千切れかけた紐を目でたどると、支柱の車道側にガラス製の花瓶がくくりつけられていた。

いつも女の持っていた花瓶とよく似ている。ただし排ガスで黒っぽく煤けて中に濁った水が溜まり、枯葉のようなものが浮いていた。

春夫さんは迷った末に、花瓶の水を捨ててミネラルウォーターに入れ替え、花屋で買ってきた小さな花束を活けておいた。

たぶんそれで正しかったのだろう。

あれから女につきまとわれることがなくなったし、事故の夢も見ていないからだ。

会社案内

これは同僚のベテランのパートさんに聞いた話なんですが、うちの会社の厚生施設で××半島に保養所があるんですね。会社案内のビデオでそこが紹介されてる場面、画面の隅《すみ》のほうにずっと〈4〉っていう数字が出てたらしいんです。

制作会社はもちろんうちの広報も事前にチェックしたのに、納品されるまでなぜか誰も気づかなくて。あわてて回収して作り直したらしいんですが、作り直したビデオには、今度同じ位置に〈死〉っていう字が表示されてたらしくて。これにはうちの社長もカンカンに怒っちゃって、そんなふざけた仕事するやつらにはもう頼まないと言って別の会社に作らせたんだそうです。

そのことで生じた損害が元で、最初の制作会社は潰れちゃって、そこの社長は借金苦で自殺してしまったそうです。その後新しく作り直したビデオに、その死んだ社長の幽霊が映ってるという話になって。やっぱり保養所の場面だったらしいんですけど、画面の後方に普通に生きてる人みたいに映ってたからしばらく誰にも気づかれなくて。結局そのビデオも作り直したんだけど、すでにけっこう外部に出回っちゃってて回収し切れなかったと。でもまあ、社長の顔知らなきゃ幽霊に見えないからいいかって、そこは不問に付したらしいです。逆に言うとそれくらいはっきり映ってたって。

かれこれ二十年以上前のことで、その後うちの会社も業績落ちて手放しちゃってるんですけどね保養所、某ゲーム会社が買ったって噂だけど今はどうなってるんでしょうかね。

鬼形

小学校時代、筒井さんが遠足から帰ってきた日のこと。

学校でバスを降りて解散し、筒井さんは一人で家に向かった。

もうすぐ着こうかというところで、彼女は道端によこたわる猫の死体を見つけた。

車に跳ねられたのだろう、外傷は見えないがわずかに血を吐いている。

白い、少し小柄な若い猫のようだった。

かわいそうに思ったがどうしていいかわからず、触れるのも怖かったので筒井さんはそのままにして家に帰った。


家には誰もいなかったので、猫のことを相談する相手もなく彼女は二階へ上がり、窓からそっと通りの方をうかがったという。

窓からは猫の亡骸《なきがら》は見えなかった。

道ゆく人たちの頭が塀越しに見えたが、猫を気にして立ち止まったり、振り返っている人はいないようだ。

やはり気がかりで、もう一度見に行こうかと思っていると玄関のドアが開く音がした。

誰かが帰ってきたらしい。

だが鍵を開ける音が聞こえなかったようだ。

筒井さんは自分が帰宅後、ドアに施錠しなかったことを思い出した。

世の中物騒だから、と母親からは在宅時も必ず玄関に鍵を掛けるように言われていた。

部活のある姉が帰ってくるには早すぎる時間である。

帰宅したのは母親だろうか。だとすれば鍵が掛かっていなかったことに文句を言いながら、きっと二階まで上がってくるだろう。

階下の気配に耳を澄まして、彼女は階段を途中まで下りていった。

ふっと風が頰《ほお》をかすめて、そのせいか、なんとなく悪寒をおぼえたという。

「えっ」

筒井さんは振り返り、階段の上を見た。

すると、赤い顔をした小さなものが階段のてっぺんからこちらを見おろしていた。

人形のように小さくて手足が真っ直ぐ伸び、誰かがそこに置いたようにじっと動かなかった。

手足は木の棒のような色で、木目もあるように見えたという。

ただ、耳まで裂けた口から覗く牙がかすかに唾の糸を引いている。

ああ、これは夢だなと筒井さんは気がついた。

遠足の疲れがあって、本当はどこかの部屋で自分は眠っているのだ。

そう思ったとたんに、その異形のものは少し大きくなったように見えた。

今では人形ではなく、小さな子供の大きさになって、階段のてっぺんに手足をのばして立っている。

耳まで裂けた口がぴくぴくと何か話そうとしてうごいているようだった。

筒井さんはその口をじっと見つめた。

けれどいつまで待っても、それが声を発することはなかった。

筒井さんは目を覚ました。

二階の部屋の窓の下で、膝《ひざ》を抱えるような姿勢で眠っていたようだ。

まるで何時間も眠っていたように周囲の世界が遠い。

けれど畳にはまだ窓のかたちに日なたが残っていて、彼女の頬も温められていた。


そうだ、玄関の鍵を掛けてこなくては。

筒井さんはそう気づいて立ち上がり、廊下へと飛び出した。

階段を駆け下りようとして筒井さんは立ち止まる。

真っ白な猫が廊下の突端、階段の手前のところの床に長くよこたわっていたのだ。

口から少し血を吐いていて、床にもその赤黒い汚れが移っている。

筒井さんは猫の死骸に触れることも、跳び越えてゆくこともできず、母親が帰宅するまで二階で震えていたという。

菊耳

マチコさんは一人でバスを待っているときにふと「菊耳」という言葉が頭に浮かんだ。そういう植物があるのかなと思い、その日待ち合わせていた友人が花に詳しいので訊いてみたが「そんな植物は知らない」と言う。

帰宅してから自分で調べても見つからなかったので、そういう植物はないのだなと思ってすぐに忘れてしまった。

それから五年か六年か、それくらいの月日が過ぎた。マチコさんはまた同じバス停でバスを待っていた。そのバス停は自宅や職場とは無関係な場所にあり、外出先から外出先への中継地点としてしか使わない。だから五、六年ぶりだったのだが、停留所に並ぶと背後の建物に威圧感を覚えた。以前並んだときは感じなかったものだ。

見上げると、六階まである白い建物である。最近建てられたのだろう、上の方の窓にはテナント募集中という貼り紙があった。一階と二階には店が入っていて、一階は煎餅《せんべい》屋、二階はスポーツ用品店だ。

三階にもテナントが入っているようだが、窓が反射して雲を映している。それを見ているときにマチコさんはふと「菊耳」という言葉が心に浮かんだ。前にここに立っていたときと同じだ、と思った。マチコさんはバス停を離れ、建物の入口を覗いた。パネルを見ると三階には耳鼻科が入っている。しかも名前には菊の字が入っていた。

なるほど、菊○耳鼻咽喉科、略して「菊耳」か。

マチコさんは自分の〈勘〉の働きぶりに驚くとともに、とまどった。こんなことは今まで経験がないし、この耳鼻科と何か因縁があるとしか思えない。近々耳の病気にでもなって通うことになるんだろうか。

でもこんな不便な場所に通う理由があると思えないし。そう胸がざわざわするような気持ちでパネルを見ていると、バスの近づく音が聞こえてきた。

橋の下

友次さんの家の近所の川には、小学生の頃までは木の橋が架かっていた。

蛇行していた川が護岸工事で直線に変わった頃には、橋も頑丈そうなコンクリートのものに架け替えられていたという。

最近正月に帰省してその橋から川を眺めていたとき、そういえばここで昔河童《かっぱ》を見たことがあると友次さんは思い出した。

まだ木の橋だった当時だから四十年ほど前のことになるだろう。

友次さんと仲のよかった同級生のブンちゃんという男の子が川向こうのアパートに住んでいた。

家は友次さんの実家の方が広いのだけれど、ブンちゃんのところはいつも家族が誰もいなくて、秘密基地めいたところがあったから好きで、よく遊びに行っていた。

ブンちゃんは夕飯を一人で食べることが多く、そのためのお金がいつも電話台の下の封筒に入っていた。

それを使ってお菓子を買い込んできて、食べながら漫画を読むのである。

買出しに出かけるときは、店が近くにないから川のこっちに戻ってきて友次さんの家の近所のアイザワ屋という商店へ行った。


その日もお菓子の買い出しのために、漫画読みを中断して外へ出たのだと思う。

二人は木の橋にさしかかり、ブンちゃんが急にしゃがみ込んで川を覗き込んだ。

膝までもないような低い欄干に手を置いて、難しい顔をしているブンちゃんに「何してるんだ」と訊くと、

「今誰か川ん中に入っただろ？　魚じゃない、もっと重いやつの音だった」

そう言って鼻をひくひくと動かした。

「変な臭いもする。乞食が飛び込んで水浴びでもしてるのかな」

友次さんもしゃがんで川を見たが、人が潜れるような水深はなかった。

飛び込むどころか、転んでも直接川底で尻を打ちそうな浅瀬である。

「誰もいないよ。いるとしたら橋の下だろ」

そう友次さんが言うのを聞くと、ブンちゃんは橋を渡りきって菜の花の咲いている斜面を駆け下りた。

友次さんは橋の袂から見ていた。

川原に立ったブンちゃんが橋の下に消えたので、友次さんは道を渡って反対側に回り込んだ。

じゃりじゃりと石を踏む音がするが、なかなかブンちゃんは現れなかった。

橋の横幅から考えたらすぐに現れないとおかしい。

おーい、と声をかけるとブンちゃんの声が返ってきたが、それは友次さんへの返事ではなく、誰かと会話しているような口調だ。

やっぱり人がいたのか、と驚いて友次さんも菜の花の斜面を下りていった。

すると橋の裏側の薄暗い空間に、小さなブンちゃんがいた。

背丈が五分の一くらいに縮んだブンちゃんが、誰かと話しながらこちらに歩いてくる。

「まだ橋の下ですか」

「まだまだ橋の下です」

そんな声が川音に混じって聞こえていた。

ブンちゃんの隣にいるのは同じくらいの背丈の裸の子供だった。

頭の真ん中が大きく禿《は》げていて、そこに血管が網目のように透けている。

顔は人間の子供とカワウソの中間のようだが、体には毛がなく皮膚が青味がかっていた。

友次さんはぽかんとしてその小さな二人を見比べ、どこか冷静に「ブンちゃんが河童と敬語で話してる」と思ったという。


河童が友次さんの存在に気づくと、急に立ち止まってあたふたし始めた。

小さいブンちゃんはそんな河童を見てなだめるように、

「まだ橋の下ですよ、まだ橋の下ですよ」

そうくりかえし話しかけている。

河童は友次さんとブンちゃんを交互に見ていたが、何か窮まったような顔をすると咄嗟に水に飛び込んだ。

小さな体に見合わないほどの水が跳ねて、それきり姿は見えなくなってしまった。

友次さんは小さなブンちゃんのところに駆け寄ろうとしたが、すぐそこにいるはずのブンちゃんになかなか辿り着けない。

まるで遠くのほうにいるブンちゃんにだんだん近づいていくみたいに、しだいに姿が大きくなってきて、ようやく手を握ったときにはすっかり元通りの大きさのブンちゃんになっていたという。

「大丈夫？　しっかりしろよ」

そう友次さんが声を掛けると、笑顔で何度もうなずいてみせる。

だが表情がどこかとろんとしているというか、酔っ払ったような顔をしているので心配になり、友次さんはブンちゃんを自分の家に連れて帰った。

体温計で熱を測ってみたら三十九度もあったので、友次さんの母親がブンちゃんを近くの診療所へ連れていき、点滴を打ってもらうとそのまま家まで送り届けた。その間友次さんは家で留守番をしていたが、居間と廊下を隔てる障子戸に小さな影がちらちらと走り回るのを見て外に出られず、母親が戻るまでずっと部屋の隅で震えていたという。


川で見たときは驚いただけで怖いとは思わなかった河童なのに、廊下を走る影を見てしまうとなぜか生きた心地がしなかった。

このままブンちゃんは熱が下がらずに死んでしまって、自分はこれからさらわれて、川に引きずり込まれて溺れ死ぬのではないかと思ったのだ。

だがブンちゃんは一週間ほど学校を休んだのち元気になって登校してきた。

河童のことは熱にうなされて見た夢だと思い込んでいたようで、友次さんも会ったということを知るとひどく驚いていた。

それから二人で何度も橋から川を覗き込んだが、自分たちの顔が川面に映るだけで、怪しいものの姿が見えたことはない。

ブンちゃんの話では河童の頭の〈皿〉はぴくぴくと痙攣《けいれん》するように動いていたらしい。

あそこに心臓があるのではないかというのがブンちゃんの説である。

胸

新人時代、職場の花見のため×××公園で場所取りをしていたときのこと。

孝明さんの隣で場所取りしているシートには、やはり新入社員らしい若い男と、野球帽をかぶった小太りのおばさんが座っていた。

おばさんは無言で若い男の背中を叩き続けていて、男は苦しそうに咳き込みながら文句も言わず耐えているので不思議に思って横目で見ていると、おばさんは立ち上がってその場でぴょんぴょんと飛び跳ね始めた。

ポロシャツを着たおばさんの胸が上下に揺れながら、だんだん人の顔のような形を浮き出させてきたので孝明さんは目が離せなくなった。

やがて胸が完全に二つの男の顔になったおばさんは、最後には一メートルくらいの高さに跳び上がって空中で消えてしまった。

その瞬間、シートに座っていた若い男が前のめりにくずれて大きないびきをかき始めた。

異常を感じた孝明さんが救急車を呼んで男は一命を取りとめたが、脳卒中だったという。

倒れた男が運ばれていった数時間後、隣のシートには男の同僚たちが集まって予定通り花見が決行されていた。

近道の墓

律子さんが安く借りられた一軒家は家の前が墓地で、墓地の中を通るのが近道だったが一応外の道路にも面していた。

不動産屋からは「近道したくなると思いますけど、それで前の住人は墓地を管理してるお寺とトラブルになってますから」と釘を刺されていたが、どうせ分かりはしないと思って墓地の中を通ると、なぜか毎回お寺の住職と鉢合わせになる。そして苦情を言われたり写真を撮られたりするので「べつに通り抜けるくらいいいじゃないですか」と言い返したところ、その晩から律子さんの携帯電話に大量のスパムが届くようになった。だがスパムは彼女が墓地を通り抜けなかった日には少なくて一通も来ないときもある。通り抜けた日にはメールボックスがパンクした。律子さんは観念して必ず遠回りして公道から家に出入りするようになった。

その住職は心霊写真の鑑定者として雑誌に登場しているのを見たことがあるという。

空気

釘野さんはファミレスなどの飲食店に入店すると、店員によく人数を間違えられる。

二人で行けば「お一人様ですか」と言われ、三人で行けば「二名様ですか」と訊かれる。一人で行った場合、目の前を通り過ぎる店員に何度も無視され、あきらめて出口に引き返すこともしばしばあるという。

そこは席への案内のない、客が自由に好きな場所に座るタイプの喫茶店だった。

テーブルの傍を通りかかったウェイターに四回声をかけたが無視されたのに腹を立てた彼は、だったらどれくらい気づかれないか試してみようと考えたのだという。

むこうから声を掛けてくるまで、黙っていつまでも席に居座っていようと思ったのだ。

結果、持参した本を二冊読み終わって店を出るまでの約四時間半、釘野さんは店員にまったく見咎められることなく無視されて過ごした。

店内はがらがらに空いており、その間ほとんど客の出入りもなかったのにである。

ただ、そのとき付近のテーブルで上司の服装のセンスをこきおろしていた二人組の女性客のうち、こちら向きに座っていた若い眼鏡の女性と釘野さんは一度だけ目が合ったような気がした。

その直後に女性はコップの水を倒し、あきらかに動揺した様子でお絞りでテーブルを拭きながら連れに何ごとか囁いているのが見えた。

ふたたび顔を上げた彼女がこちらにじっと視線を向けてきたときは、釘野さんもどきりとしたが、思わず見つめ返してもなぜかもうその女性とは目が合うことがなかった。

釘野さんを素通りさせた視線を連れに向けると、その女性客は何かに納得したようにうんうんとうなずいていた。

「ごめんね、もう大丈夫。こういうことよくあるの、時々見ちゃう体質だからさ」

そう弁解している声が聞こえてきたという。

そういえば昔駅のホームで目が合ったお婆さんにいきなりお経を唱えられたことがあっ

たな、と釘野さんは思い出した。
あれはつまり、こういうことだったのかと。

カリントウ

直喜さんは知人に込み入った頼み事があって、某県の山間にある自宅を直接訪たことがあった。

最寄り駅への電車は本数も少なくてつながりが悪い。知人にはS駅からタクシーを使うように勧められていたという。

ちょうど乗り場に着けていた個人タクシーに乗り込み、メモを見ながら住所を告げる。するとと運転手は軽くうなずいてすぐに車を出した。

「お客さん、ご旅行ですか」

初老の運転手はしばらく無言だったが、直喜さんが目を閉じてうとうとした途端話しかけてきた。

「いえ、まあ仕事のようなものです」

一瞬憮然《ぶぜん》としたものの、怒るのも大人気ないと思ってそう答えた。

運転手はうんうんとうなずいていたが、すぐに関係のない話を始めた。

「お客さん東京の人でしょ？　私、昔井の頭公園のそばに住んでたんですよ」

わかりますよね、吉祥寺の。そう言いながら運転手は片手で何か宙に描いてみせた。井の頭公園のかたちをなぞったらしい。

※

あそこでバラバラ死体が見つかった事件があったでしょ？　その頃なんですよ。

私ね、窓から井の頭公園が見える部屋に住んでたんです。

まあ住んでたっていうか、居候なんですけどね。

親しくしてた女性がね、そこに住んでたんです。私はもともと埼玉の入間のほうなんだけど、そっちの家は事情あって追い出される格好になっちゃって、他にあてがないからダメモトで頼んでみたんですよ。置いてくれないかって。

そしたらいいわよって即答してくれたんだけど、その代わりひとつ条件があるからって言うんです。

彼女の一家がね、何か地元の宗教を信仰してるんだけど、彼女は上京してからも同じ神様を拝んでて部屋に祭壇があるからって。

それをあなたも毎朝ちゃんと手を合わせて拝んで欲しい、ってそんな話なんです。

一応それまで何度か泊めてもらったことのある部屋だし、彼女とは一年くらいつきあってましたからね。そんな神様の話は初耳だったんで、ちょっとすぐに返事はできなくて、言葉を選びつつ「それは入信しろっていう話なの？」ってことを訊いたんですよ。

すると彼女は笑って、違う違うって否定するんです。

彼女自身もべつに熱心な信者というわけじゃなく、ただ子供の頃からの習慣だからって。親の真似してずっと拝んでた神様だから、そうすると気持ちが落ち着くから続けてるんだって言うんです。

だから気軽に考えてって言われて、それならいいかと私も約束したんです。

毎朝、起きたらまず顔を洗って祭壇を拝んで、それから朝ごはんですよ。私ちゃんと約束守って拝みましたから、それから朝ごはんもつくりました。こう見えて料理はなかなかの腕なんですよ、味噌汁もちゃんと鰹節《かつおぶし》でお出汁《だし》取りますからね。

そうそう、祭壇がどこにあるのかと思ったら、トイレだったんです。

水洗のタンクがありますでしょ、あれの中に小型の祭壇が沈めてあったんです。これは道理で見つからないと思いましたよ。

「トイレの神様」っていう歌が流行ったことがありましたが、まさにそれですよ。トイレに本当に神様がいたんです。

そこの祭壇は水に沈めておくのが正しいやり方らしいんですね。水の中が落ち着く神様らしいんです。だけどマンション住まいじゃ、そのための水槽みたいなものはそうそう置けません。熱心な信者さんは置くらしいですが。で、何かすでにあるものを使うしかないけど、風呂だとお湯をかぶりますから。なぜかお湯はいけないらしいんです。

それで彼女は水洗タンクを祭壇と兼用にして、毎日蓋を開けて拝んでいたんです。

私も拝みました。尾篭《びろう》な話ですが、糞尿をするところですからね。不浄でいけないと思うんですが、そこは信仰の理屈で大丈夫ということになってるらしい。

とはいえ同時というのはいけないらしくて、拝むときは拝むだけにしなさいと、その点は釘をさされました。

それで居候してからふた月くらい経ったのかな。まあ私は毎日大体ぶらぶらして、パチンコ打ちにいくか映画見にいくかでしたが。彼女は個人医院でナースをしてて、けっこういつも忙しそうでしたね。

ある日昼間に来客があったんです。誰かと思ったら五十歳くらいの、目つきの悪い男なんです。

「××子はいるか」

ドアを開けたら、男はいきなり彼女の名前を呼び捨てでそう呼んだんです。

彼女が通販マニアだったんで、届け物が多かったんですよね。だから大した考えもなくドア開けちゃったけど、顔見た途端これは開けちゃまずい人だったかなと後悔して。

そしたら男は私に目もくれずに部屋の奥を覗き込んで、

「留守か。ところであんた、××子のこれか?」

そう言って親指をぴんと立てたんですね。

どう答えるべきか迷っていたら男は勝手に上がりこんで、部屋の中をぐるっと見渡して煙草《たばこ》吸い始めたんです。

「悪いことは言わんから、すぐにここを出ることだ。あいつとは一刻も早く切れるんだな」

そう言って吸い殻をぴしっと流しに放り込むと、男は帰っていきました。

これは脅しなのかな? と思いました。どう見ても堅気には見えない男でしたからね。

でもそれにしてはあっさり帰っていったし、あれは何だったんだろうって。

だから帰宅した彼女に「コワモテの男が君に会いに来たよ」って探り入れてみたんですよ。すると、

「ああ、気にしなくていいから」

って彼女はあっけらかんと言って笑ってるんです。

「その男に限らずだけど、これからもそういう人が来たとしても気にしなくていいから。何言われても耳貸さないで」

そう言うと彼女はもう二度とこの話題には触れませんでしたね。

それから一週間くらい後だと思うんですが、昼寝をしてたら物音で目が覚めたんです。トイレの方からだったので覗いてみたけど、特に異常は見当たらなくて。

もしやと思って水洗タンクの蓋を開けたら、祭壇が浮かんで水面に飛び出していました。重さで沈んでるんだとばかり思ってたけど、そうじゃなかったんですね。

どうも何かで底に固定されてたらしくて、それが外れて浮いてきちゃったみたいなんです。

いつもは水で屈折してよく見えないから、いい機会だと思ってじっくり眺めたんですよ。

まるで〈神秘的なパチンコ台〉みたいな、小さくてごちゃごちゃした箱でした。金銀の飾りと、渦巻きみたいな模様が気が狂ったように散りばめてあって。水中にあると不思議とずっとシンプルに見えたんですが、実情はかなりゴージャスというか悪趣味でした。

それで箱の真ん中あたりに、何やらカリントウに手足が生えたような、人型のものが取り付けてあったんです。ああこれがご本尊かなと思ってちょっと驚いたんですけどね。そんなコテコテの祭壇なのに、ずいぶん不恰好なご本尊だなと思って。

しばし観察した後、そのままタンクの蓋を元に戻したんです。

途端に家の電話が鳴って、出たら彼女からだったんですね。

開口一番、

「祭壇に何かしたでしょ」

そう言われたんでびっくりしました。

何とか気を落ち着けて「何もしてないけど、さっき物音がしたからタンクの中を見たら祭壇が浮かび上がってた」って伝えたんです。

そしたら彼女、

「言い訳はいいから。これからあたしの言うとおりにして」

って取り付く島もないんですよ。

「専門の人間を部屋に遣るから、あなたは何も手出ししないでその人たちに任せてちょうだい。作業してる間、絶対に中を覗かないように」

そう言って電話は切れてしまいました。

ほんの十五分後くらいですよ、チャイムが鳴ったから私は玄関に行ったんです。

ドアを開けたらスーツ姿の男の人が三人立っていました。

そのうちの一人は、こないだ来た目つきの悪い男だったんです。

ぎょっとしたけど、何だかこないだとは様子が全然違うんですね。あの横柄な態度とは打って変わっておどおどした感じで、俯《うつむ》いちゃって私の顔も見ないんです。

リーダー格の人が別にいて「もう話は伺ってますから、見せてもらっていいですか」って言うときびきびした動作で、大きな手提げカバンを持って部屋に上がってきました。

他の二人もそれに続いて、何も案内してないのに勝手にトイレに入ってしばらく中に籠ってましたね。

何やら金属を叩くような音や、のこぎりを引くような音が聞こえてました。それから、何か録音した音を再生してたのかな。雑音混じりの、説法みたいな声が流れてたり。一時間くらいガタガタやってたのかな。

私は言いつけどおりにずっとリビングの方でテレビを見てたんです。

そしたら「終わりましたー」って声がしたので顔を上げると、もう三人は荷物をまとめて玄関の方へ向かって歩いていくところでした。

「もう大丈夫ですから、ご心配なく。また何かあったら飛んできますから」

そう言って帰っていきました。

目つきの悪い男は最後まで無言で、一度もこちらを見ずに目を伏せたままでしたね。

彼らを見送ってからトイレでタンクの蓋を開けたら、祭壇は元通り底に沈んでて、ご本尊はもう水で歪んで姿が見分けられなくなっていました。

彼女がその晩帰ってきてから、私は訊いてみたんですよ。

「なんであんなよくわからない、カリントウみたいなご本尊を祀《まつ》ってるんだい」

って。そしたら彼女はこう言うんです。

「あれが神様そのものの形だからしかたないの」

どういうことかと思ったら、あの神様には実物があって、それから直接型取りしたものだからああいう形なんだっていうんです。

実物の神様ってどういう意味？　って訊いたら、どうも教祖様の体に生えてるらしいんですね。

ええ、体に神様が生えるんです。言い換えれば、神様が生えるからその男が教祖様になってるらしいんですけど。

その生えてきた神様から型取りして、信者は各自ご本尊にしてるらしいんです。

「だって本物は高いのよ」

彼女はため息をついてそう言いました。

「本物も買えるのか？　でも本物って言ったら一つだけだろ、切り取って売っちゃうのか」

そう訊ねたら、彼女はこともなげにこう言っていました。

「教祖様は体にああいうものがどんどん生えてくる体質で、今まで何十体も神様を世に送り出してるの。うちのはその一つから型取りしたレプリカなのよ」

切り取った実物を保存加工した本物の神様も、大金を払えば買えるらしいんです。

本物を持っている信者はかなり地位が高くて、教壇内でも幅を利かせてるって話でした。

なんだか彼女の口ぶりだと、すごく羨ましげなんですよね。本物を持ってる信者に対して。

べつに熱心な信者じゃないって以前言ってたのとはずいぶん話が違う。

なんか雲行きが怪しくなってきたなと思いました。

「いったいどういう人なんだい、教祖様って」

私がそう言ったら彼女は箪笥の引き出しをひっくりかえして、一枚の写真を見せてくれました。

ピンボケ気味の古いカラー写真でした。

写っているのはけっこう若い男で、たぶん昔の教祖様なんだろうなと思います。

平凡な顔立ちなんですが、鼻に違和感がありました。

そしたら彼女がうなずいて、

「そう、付け鼻なの」

って言うんですね。

「わかるわよね？　神様が生えてくるのよここに。だから削り取った後に付けてるの」

そう言って自分の鼻を指さしてみせました。

私はそのときあの祭壇に祀られてたご本尊を思い出しました。

あのカリントウみたいな人型のものが、写真の男の鼻の替わりにくっついてるところを想像しようとしたんですが、うまくいきませんでしたね。

あれは全然鼻に似てるとは言えないし、じゃあ何に似てるかと言ったら、ほんとにカリントウぐらいしか思いつかないんです。

でも一度そんな由来の話を聞いちゃったら、もう毎朝祭壇を拝むたびあの写真の男の顔が思い浮かぶんですよ。

あのピンボケの教祖の顔が、水に沈んでるところが頭に浮かんじゃって、ちょっとこういうことはこれ以上もう続けられないなって思っちゃった。

まあそれだけが理由というわけじゃなく、他にも言えないようなことがいろいろあったんですけど、私その彼女の部屋から出ていったんです。

わりと近所にアパート借りたんで、それからも彼女とは時々会ってご飯おごってもらったり、お金借りたりしてたんですけどね。

もうあの部屋には二度と戻らなかったですね、一度も上がらなかったです。荷物の残りを取りに行ったときも、玄関までで帰ってきちゃった。

ただね、アパート住まいを始めた頃から妙なことがあったんですよ。

夜遅く帰ってきて、アパートの前の路地に入った途端、よく後ろを付けられてるような気配がするんです。

振り返ると実際に誰かいるんだけど、何だか妙な感じなんですよね。

強盗とか不審者とか、そういうのとは別なんですよ、どう言ったらいいのかな。

電柱の陰にたしかに人がいるんだけど、本当にあれ人なのかな？　って思うんですよ。

急いでアパートに駆け込んで、部屋の窓から路地をそっと窺うじゃないですか。すると人間の大きさをしたデクノボーみたいなのが、のろのろと歩いてきてアパートの前に立ってるんです。

街灯の少ない道だから、輪郭しかよくわからないんですけどね。

あれ、どうもやっぱりカリントウに似てるんですよ。

祭壇にくっついてたあの不恰好なご本尊を大きくしたような奴が路地に立って、バランス悪いのかぐらぐら頭が揺れてるんです。

それがちょっと目を離すとまたいつのまにかいなくなるんです。

顔がないからどこ見てるのかわかんないけど、たぶん私の部屋を見上げてたと思うんですよね。

町を歩いてるときにも何度か見かけました。

きまって遠くの方の物陰から見張るように立ってて、一定の距離以内には近づいてこないんですが。

夜遅く歩いてると、たびたび会うわけですよ。カリントウみたいな奴に。

だからやっぱりこれは、あの居候してた部屋の彼女ですね。彼女からもっと物理的にっていうのかな、離れないといけないんじゃないかなって。

そう思ってそのアパートも半年ぐらいで引き払って。お金ないんでだいぶ借金しましたけどね。

それで神奈川の方に引っ越して。それからはまあずっと各地を転々としてたんですが、十年くらい前からはここに落ち着いて運転手をやっております。

ある趣味の集まりみたいな所で知人と偶然再会しましてね。その人の出身がこっちだったものだから、いい土地だよって紹介されて旅行して、そのまま居ついてしまったようなものですな。

カリントウですか？　ええ、引っ越してからは見なくなりましたね。ああいうものはやっぱり、見ない方がいいですよ。ゲンが悪いです。あんなのに見張られてるとよく眠れなくなりますし、今まで健康だけが取り柄だったのが、なぜか病気にもかかりやすくなりましたからね。それは今もちょっと引きずってて、持病いくつか体に抱えてますけどね。まあ年ですからしかたない。そう思うことにしてます。

ああお客さん、そろそろ着きますね。どのあたりに停めましょうか？

※

そう言いながら運転手はルームミラー越しに直喜さんの顔を見た。

声の印象よりだいぶ老け込んだ、白い眉毛の下の目が濁ったような薄い光で視線を合わせ、すぐにふっと外す。

そのとき、ルームミラーにぶら下がっている小さなマスコットに直喜さんは気づいたという。

何だか形のはっきりしない、貝の干物のようなねじれて黒ずんだもの。

あるいはへその緒にも少し似ているだろうか。

そんな不恰好なものがカーブの多い道に合わせて、左右にぶらぶらと揺れていた。


それが何なのかと訊ねてみたい気持ちをぐっと抑えて、

「じゃあ郵便局の前で停めてください」

そう告げると、直喜さんは内ポケットから札入れを取り出した。

犬小屋

長峯さんの家で昔、飼っていた犬のマシロが行方不明になった。

首輪が係留用のチェーンごと犬小屋の前に捨てられていたことから、誰かに連れ去られたのではないかと疑ったが、血統書付きの犬ならともかくただの雑種犬である。盗まれる理由もわからず一家でおろおろしていたところ、夜中になって犬小屋のあたりでごそごそと音がするのにお母さんが気づいた。

マシロが帰ってきたのかとあわてて外に出ると、小屋の入口から染みだらけの長袖シャツを着た人間の腕が飛び出していた。

悲鳴を聞いて長峯さんやお父さんが駆けつけ、犬小屋がからっぽなことを確認したが、お母さんはそれでも中に誰かいるからと震えながら言って聞かなかった。

中型犬のマシロのためにお父さんがつくった小屋は、子供でも中に潜り込めるサイズではなかった。

だがあまりに頑固に「人がいる」と言い張るので、とうとう怒り出してしまったお父さんが無理にお母さんの手を引いて小屋の中を覗かせ、

「ほらどうだ、何もいないだろうが」

そう怒鳴《どな》ったところ、お母さんはその場で白目をむいて失神してしまった。

部屋の布団に寝かされてしばらくのち気がついたお母さんは、犬小屋の前での出来事を何も覚えていなかったという。


翌朝、長峯さんが起きてすぐに犬小屋を見にいくと、マシロが何事もなかったように丸くなっていて、彼女の姿をみとめると小屋から飛び出してちぎれるほどしっぽを振った。

だが奇妙なことに、チェーンごと小屋の前に捨てられていたはずの首輪が、きちんとマシロの首に嵌《は》められている。

家族に聞いても誰も長峯さんより前にマシロの帰還に気づいていなかったし、当然その首輪を嵌めてあげた者もいなかった。

まるで犬が自分で自分を繋いだか、そもそも失踪などしていないかのようだった。

黒ヒール

澄代さんの職場の小さな病院は丘の上にあり、最寄の地下鉄の駅から歩くと片側が崖になったカーブをのぼっていく箇所がある。

そのガードレールの外側に、ベージュ色のコートを着た女の人が立っていたことがあった。じっとこちらを見張るような向きで立っているので、嫌だなと思いつつ澄代さんは女の方を見ないようにして坂をのぼっていった。

反対側の歩道を歩いて女の前を通り過ぎるとき、そういえばここは片側歩道なのだと澄代さんは気がついた。

ガードレールの外には、人が立てるようなまともな足場がないはずだ。

早く行ってしまわなきゃ、という思いと裏腹に澄代さんは足を止めて、女のいる方をじっと見つめていた。

女はガードレールの一メートルほど先の空中に、だらしない姿勢で浮かんでいた。コートはボタンを掛け違っているのか左右ずれてシルエットがゆがみ、黒いハイヒールを履いているのは右足だけだった。

二メートル、三メートルとゆっくり遠ざかりながら腕と足をぶらぶら揺らして、十メートルほど離れた空中で忽然《こつぜん》と姿を消したという。

澄代さんは不思議と冷静な気持ちでそれを眺めた後、道を渡ってガードレールに近づいていった。

ガードレールのほとんど真下の草の中に、女の履いていたのとよく似たヒール靴が片方だけ、地面に刺さるように不自然にぶら下がっている。

澄代さんは手近に落ちていた石を拾うと、その黒いヒールに向かって投げつけた。

一個目、二個目ははずれて宙に土ぼこりを散らした。

三個目がようやく当り、四個目に少し大きめの石をぶつけると、ヒールは石と一緒に崖下に繁茂する青い草の中へ吸われていった。

どうしてそんなことをしたのかは、自分でもよくわからなかったと澄代さんは語った。

今から五年前、月曜日の蒸し暑い朝の出来事である。

坂

山奥の別荘に暮らしている祖母のもとに、時々生活用品や食材を届けるのが美佳さんの仕事のようなものだった。

それだけで当面の暮らしは成り立つぐらいの小遣いを祖母はくれた。

わざわざ孫に車で届けさせるのは、退屈しのぎの話し相手がほしいからだろう。

やや偏屈《へんくつ》で人嫌いなところのある老人だが、美佳さんには心を許して色んなことを話してくれたという。

庭にやってくるさまざまな野生動物の話、四季折々に花や実をつける植物の話など。

たいていのことはにこやかに時には冗談を交えて話すのだが、一度だけひどく暗い顔で「これはお母さんたちには言わないでちょうだいね」と念を押してから語ったことがあった。

その土地の別荘をいくつか受け持っている通いの家政婦がいた。

地元の生まれの中年女性らしいが、くわしいことはわからない。祖母もこの女性——Eさんという——に週に何度か来てもらって掃除や庭の草むしりなどを頼んでいたという。

Eさんは軽自動車に乗って山道をのぼってくるのだが、耳のいい祖母はエンジン音で美佳さんや他の通いの業者の車との区別がついた。その朝聞こえてきたのはたしかにEさんの車の音で、いつもより時間は早いが訪問予定の日でもあった。

しばらく待ったけれど、なかなかインターホンが鳴らない。気になって様子を見に出てみたところ、家の前の坂道をのぼってくる途中に車が停めてあり、車内に人がいなかった。

そこで降りても祖母の別荘以外に行くところはないはずで、おかしいなと思いながら家に戻ってテレビを見ていると、またEさんの車のエンジン音が聞こえてきた。

ただ、やけにゆっくりと近づいてくるのでまた玄関を出て坂を見たところ、亀のようにゆっくりとのぼってくる車が見えた。

日差しの角度のせいか運転席にいる人の顔はよくわからない。祖母は車の故障なのかと思い、その異様にのろい車に近づこうとしたが、

〈ピッピーッ〉

そうクラクションを鳴らされたので、家で待っていろという意味かなと思って庭のベンチに腰かけ、首だけ振り返って坂を見ていた。

車は相変わらずのろのろのと進み、時々思い出したように、

〈ピッピーッ〉

とクラクションを鳴らす。

そのタイミングに何か意味があるようにも思えない。ただ一定の時間が過ぎると音を出す機械のように感じられた。

祖母はしだいに気味が悪くなり、家の中に入ってテレビの音量を上げた。

見ていた番組が終わってしまい、ＣＭになってもまだインターホンは鳴らない。

テレビの音量を下げて耳をすませると、あいかわらず車のエンジン音が聞こえていた。

さっきよりずっと近くまで来ている。

〈ピッピーッ〉

クラクションが鳴った。

祖母は玄関のドアを開けて外を見た。

車はもう家の前まで来ていて、異様な遅さのままハンドルを切って敷地に乗り入れようとしていた。

運転席にはＥさんが座っていた。

ただ、顎を上げて両目はほとんど白目になるほど上に寄せた顔は、運転をしている人の表情に見えない。

両腕もだらりと下げていてどう見てもハンドルに触れていないようだ。

〈ピッピーッ〉

クラクションがまた鳴らされた。車はじりじりとタイヤを庭に踏み込ませつつある。


そのとき背後で部屋の電話機が鳴り出したのを祖母は聞いた。

引き返して受話器を取ると、ぶちぶちとゴム紐をちぎるような音が聞こえてきて、そのぶちぶちの合間から人の声が聞こえてくる。

「あー、××さんすみませーん、いまですねー」

Eさんの声だった。

「……にいるんですが、ちょっとですねえ、……で、遅くなりますがぁ」

ところどころ聞き取れないが、要は着くのが遅れると言っているらしい。

どういうこと？

祖母は受話器を耳に当てたまま戸口から身を乗り出して、廊下の先にある玄関を見た。

開けっ放しのドアの向こうにEさんの顔が見えている。

車はほとんど玄関にぶつかりそうな位置にいて、なお亀のように接近を続けていた。

そのとき耳元の受話器から〈ぶちぶちぶちぶちぶちぶちぶちぶち〉と酷《ひど》いノイズが飛び込んできたので、思わず耳から遠ざけると、その一瞬目を離した隙に玄関のドアが閉まっていた。

ノイズだけがなお続いている電話を切って恐る恐る玄関に近づいた祖母は、ドアスコープを覗いて軽自動車がもうそこにはいないのを確認したという。

ドアを開けると、玄関ポーチの白いタイルにかすかにタイヤの痕が残り、それはドアまであと五十センチというところで途切れていた。


Eさんは大幅に遅刻してその日の午後遅くになってようやく現れた。

遅れた理由について「のぼる坂をうっかり間違えてしまったみたいで」「電話でお話ししたとき、いろいろとオーケーが出たものと勘違いしちゃって」などと要領を得ない言い訳をひとしきりした後、凡ミスが多くていい加減な仕事をして帰っていったという。

「もしかしてどなたかご姉妹がいらっしゃるの」

祖母がそう質問したときEさんは一瞬敵意に満ちた目を向けてきたので、祖母はそれ以上彼女に質問する意欲を失った。

今では別な家政婦に来てもらっているという祖母は美佳さんの肩に手を置き、

「こんなことがあったってお母さんたちに知られたら、ボケたと思われて施設に入れられちゃうでしょ。だから美佳ちゃんと私の秘密」

そう声を低くすると、人差し指を口にあててみせた。

錆《さび》

「気のせいかもしれないんだけどね」と朝子さんは言う。

「うちの郵便受けが買ってまだ二、三年のはずなんだけどひどく錆《さ》び付いてて。みっともないからホームセンター行って新しいの買ってきてよってうちの人に頼んだの。そしたら『まだ新品同様だ、取り替える必要ない』ってうちの人が言うから、どこがよ！　って玄関連れていったらたしかにまだぴかぴかしてるのよ。さっきはあんなに錆びてたのにと思って、納得いかないけどどうしようもないじゃない？」

翌朝新聞を取りにいった夫が、大騒ぎしているので何事かと朝子さんが玄関を見にいくと、郵便受けが何十年も使ったもののようにびっしり錆び付いていた。

「誰かにいたずらされたんじゃないか、ってうちの人はいきり立ってるんだけどそんな訳ないじゃない。そういうことできる薬品があるらしいけど、錆びさせるだけならともかく、一度ぴかぴかにもどってるなんて変でしょ。そしたら案の定、その日の夕方にはまたぴかぴかにもどってたの。ちゃんとねじで壁に固定されてるのよ？　あたし一日家にいたんだから、誰かがいたずらで付け替えたなら気づくわよ、そんなことする理由がないけど」

郵便受けはそれからも錆び付いたり、新品同様になったりをくりかえした。

一年くらいくりかえしたのち、錆びた状態のままで変化しなくなった。

その頃から朝子さんの背中に子供の頃からある痣が、急に薄れ始めたのだという。

「ずっとね、ほんと物心ついたときから嫌でしょうがなかったの。学校のプールの授業とか大きらいだったのよ、泳ぐのは好きだったのにねえ。右上から斜めにひろがってる痣でね、最近は美容整形とかで治るんでしょ？　でも今さらこの年でねえ、そう思ってたんだけど、薄くなってきたらやっぱり、すごくうれしいのよ。でもどういうことかしらね。郵便受けとあたしの背中、何のつながりがあるのかわからないけど、これじゃあもう錆で穴があいたって替えられないじゃない？　でもそんなことあるのかどうか。偶然だろうってうちの人は言うのよ。やっぱり穴のあいた郵便受けじゃ困るわよね、中身が落ちちゃうもの。でもほんとに今、ほとんどわからないほどなのよ、背中の痣《あざ》。見せてあげたいぐらいよ。それに引き換えこの錆はひどいわって毎日、しみじみ眺めちゃうのよ郵便受け。でもまた急に新品みたいになったら、困るじゃない、せっかくきれいになったのに背中」

まあいざとなったら美容整形があるんだしね、と朝子さんは目を見開いて笑った。

三年茶

十四、五年前のこと。
時男さんは引越しをする予定だったので、業者を呼んで見積もりを頼んだ。

自分でも意外なほど持ち物が多く、このままだと料金がかさむことがわかり、少し本気で物を捨てようと思ったという。

ついでに荷造りを全部自分でやれば、安い料金プランに変えることもできる。

そう思って週末にまず押入れの片付けを敢行した。

いつも使っている衣装ケースや布団《ふとん》などを外に出し、奥から本の詰まった段ボールや使わなくなったプリンターなどを引っ張り出した。

中にはどうして自分の部屋にあるのかわからないという謎の物もある。

ニワトリの絵と英字が印刷された段ボールがあったので中を見ると、開封されていないペットボトルの緑茶が大量に入っていた。

無名メーカーの500ミリペットで、消費期限を見ると三年前である。ということは、ここに引っ越してきたときにはすでに期限切れだったはずだ。

そもそもしまい込んだ記憶がまったくない品だったので首をかしげつつ、時男さんはすべて中身を流しにあけて資源ごみとして廃棄した。


そして引越しの当日。

新しい部屋への運び込みも無事に終わり、引っ越し屋を見送ろうと時男さんは玄関の外に出た。

するとトラックの前にいたポロシャツのお兄さんに、

「どうもごちそうさまっす」

と声を掛けられる。

何かと思って見ると、緑茶のペットボトルを両手に一本ずつ持って会釈している。

先日大量に捨てたのと同じラベルのものだ。

時男さんの表情の変化に気づいてお兄さんは、

「彼女さん……ですかね、女の人にいただきました」

そう言って笑顔になったのではっとして他のお兄さんたちを見れば、みな数本ずつ緑茶のペットボトルを手に持っていた。

引越しに立ち会ったのは時男さん一人で、友人も家族もここには来ていない。

そんなことも言えずに引っ越し屋のトラックを見送った後、部屋にもどると玄関の三和土に緑茶のペットボトルが数本転がっているのを見つけた。

玄関を出るときにはなかったはずのものだ。恐る恐る一本を手に取って時男さんは確かめた。

消費期限の日付が三年前だった。

四人

長距離トラックの運転手をしていたIさんは、高速を走っていて気がついたら助手席に知らない若い男が座っていたことが四回ある。

ヒッチハイカーを乗せたことを思い出し、サービスエリアで男を降ろしたことが一回。そのまま走っていると、ふたたび煙のように男が消えてしまったことが三回ある。

ただ、乗っていたのは四回ともみんな同じ男だった。

指輪

貴也さんが二年くらい前に上司に連れられて高そうな店で呑んでいたとき、店の女性たちのそれぞれの肩の上に指輪だらけの皺《しわ》の多い女の手が載っているのが見えたという。

指輪の種類とか手の大きさからして同一人物の手だった。そう気づいたとたんすべての手が貴也さんに向かって「しっしっ」とやり始めたので、貴也さんは気分が悪くなったふりをしてタクシーを呼んでもらい先に帰らせてもらった。翌日その上司はまるで日焼けしたみたいに黒い顔になって出勤してきて「馬鹿だなあ、あれからすごかったのに」と歯をむき出して笑っていた。何がすごかったかは訊いても教えてくれなかった。それから半月後の仕事中に上司は脳溢血《のういっけつ》で亡くなったという。

死体

靖子さんは霊感の強い人だが、今までに見た一番恐ろしいものは「夕暮れの高層ビルの陰からウルトラマン並みに巨大な腐乱死体がげらげら笑いながら現れて『十二月十日！』と一声叫んで消えた」光景だった。

その年の十二月十日に、彼女の自宅で長年飼っていた雄の柴犬が老衰で死んだ。息を引き取った時刻も夕暮れ時だったという。

自撮りと無縁墓

十年くらい前、独身時代の話だという。

平井さんは出会い系サイトで知りあった男とドライブに行った後、ホテルに入った。ドライブ中、男は失業中でハローワークに通っているという話を何度もしていた。だから平井さんはホテル代を奢《おご》らされるのではないかと不安だったが、それを見越したように「でもおれ宅配ドライバー時代に二百万貯めて、最近も競馬で十万当てた」と急に少しだけ景気のいい話を聞かされた。

それに男はかなり平井さんの好みのタイプだったから、たかられたとしてもまあよしとするかと思ってホテルへ行ったという。

部屋に足を踏み入れると、平井さんはおやっと思う。

内装や部屋の間取りに既視感《きしかん》があったのである。

だがこのあたりのホテルに今まで来たことはないし、きっと同じ系列のホテルをどこかで利用して、内装が似ていたのだろう。

などと思いながら、男がシャワーを浴びているあいだベッドに座りテレビをつけて眺めていた。


テーブルに置いてあった男の携帯電話が震え始めた。

放っておいたがずっと震えているので、何となく手に取って本体を開いてみると着信の画面が光っていて、それは男の自撮り写真だった。

風呂場のようなところで裸の上半身とともに、キメ顔で写っているのである。

見た瞬間は吹き出してしまったが、受け狙いではなく本気でそんな写真を選んでいるような気がしてきて、平井さんはだんだん気持ちが悪くなった。

ようやく携帯のバイブが止まったところで浴室から男の呼ぶ声がした。

平井さんが浴室の磨りガラスの前まで行くと、

「その着信画面は待ち受けとセットになってて、待ち受けは服を着てる写真だから、そこから裸になるっていう一応ストーリー性があるっていうか……」

そんなことをシャワーを浴びながらくどくどと言い訳し始めたという。

どうして携帯を覗き見たことがわかったんだろう、と平井さんが固まっていると、

「でも中にもっと面白い写真が入ってるから。ちょっとフォルダの最新の画像を開いてみてくれる？」

男がそう言ったので、平井さんは妙な気分になりながら部屋にもどって男の携帯を取って来た。

指示通りに画像を開くと、それは藪のようなところに四角い人工的なかたちの石がかなりの数ころがっている、暗めの写真だった。


「あーそれねえ、無縁仏」

シャワーの音が止まって、男がそっけない口調でそう言った。

「山の中に無縁の墓がたくさん捨ててあるところがあるって聞いて、後輩連れて見にいったんだよ。それ全部、よく見たら名前彫ってあるのわかるから」

そう言われて平井さんは画面に顔を近づけた。文字までは読み取れないが、たしかに地面に投げ出された墓石だということはわかったという。

「ね、おもしろいでしょう？　今度現地に連れていってあげるから楽しみにしてて」

そう言って男は笑った。ふたたびシャワーの音がし始めた。

平井さんはベッドにもどると男の携帯をテーブルに置き、手早く身支度をととのえてそっと部屋を出た。

自分でも理由はうまく説明できないが、単なるナルシストの自己演出ではない、何か危険なものを男に感じたのだという。

エレベーターに乗り込んでも、なぜかシャワーの音がすぐ近くで聞こえ続けていた。どこから聞こえるのだろうと、狭い箱の中をきょろきょろと見回すうちに一階に着いていた。

建物の外に出てもシャワーの音は耳を離れず、なんだか男に追いかけられているような気がして息が切れるほど走ってしまった。大通りに出ると平井さんはタイミングよく通りかかったタクシーを拾った。

タクシーに乗ると幸いなことにシャワーの音は聞こえなくなった。

「お客さん、すごい顔して立ってたからさ」

運転手に話しかけられたのは、車が平井さんのマンション前に着く直前である。

「幽霊かと思っちゃった。いや、あのへんそういう噂を聞くんですよ、知ってましたか？

あの近くに連れ込みのホテルがあるんだけど、そこで女が殺されたらしくてね。いや、自殺だったかな」

翌朝になって男からメールが届いていた。

平井さんが黙って帰ってしまったことには一切触れられておらず、ただ「次はいつ会える?」などとしれっと再会の約束を促す内容だった。

画像が添付されていたので迷ったのち開いてみると、暗い画面に草が生えていて骨のような白いものがちらっと見えたのであわてて閉じてメールごと削除した。

公衆電話からの着信があったが無視して出なかったら留守電が残り、それはあの男ではなく酔っ払いらしい女が何か不明瞭な伝言を残していたので、間違い電話だと思って聞いていたら最後に傍にいるらしい別の人間とひそひそ話をしながら伝言が切れた。

だから男が知人の女に掛けさせたものじゃないかという疑いを平井さんは捨て切れていないが、少なくともその男から以後直接連絡はきていない。

——という話を週末の居酒屋で平井さんが友人のJにしたところ、Jはやや興奮気味に「私その男に会ったことあるかも」と言い出した。

行きつけのバーで半年ぐらい前に会った男がやはり「無縁仏の墓をたくさん捨ててある場所を知っている」「一緒に見にいこう」と話しかけてきたが、適当に受け流していたらいつのまにかいなくなっていたという。

「でも変なんだよね、マスターに『さっきの男こんな気持ち悪いこと言ってたよ』って愚痴ったら、そんな男カウンターにいなかったですよって言われちゃったの」

まあ冗談好きな人だからな、でも真顔で冗談言うタイプじゃないんだよな。

そんなことをぶつぶつ言っている。

「同じ男かわかんないけどさ、たぶんどっちも墓石の不法投棄を商売にしてる人なんじゃないの?」

Jがそう言うのを聞いて、平井さんはなんとなくそれだけは納得してしまった。

ちなみに外見の特徴はほぼ一致していたそうである。

小犬

西島さんが一週間のタイ旅行から帰ってくると、マンションのエレベーター前に知らない老人が手に小犬をかかえて立っていた。

老人の斜め後ろでエレベーターを待ちながら、なにげなく見ると小犬は両目を閉じている。そればかりか口が開いて、だらりと舌が覗いていた。

眠っているにしてはどうも顔つきが〈からっぽ〉すぎるように思えたという。

この犬は死体なのでは？　そう気づくと西島さんは思わず老人の横顔を凝視してしまった。

すると老人は突然、

「ちがいますよ」

と言って小犬を前後に揺らして見せた。

まったく力の入っていない四本の脚がゆらゆらと揺れている。

いい子だねえ、よしよしなどと赤ん坊をあやすような声で言いながら老人は小犬を揺らし続けている。

そこでドアが開き、老人はエレベーターに乗り込んだ。少し躊躇《ちゅうちょ》したが、続けて西島さんも乗り込む。上昇し始めると老人は顔を前に向けたまま「どうだい、その気になったかい」とつぶやいた。ぎょっとして返答に窮したが、どうやら犬に向かって話しかけているらしい。

そのとき老人以外の声が聞こえた。鼻を鳴らすような声だ。やっぱり小犬は眠っているだけだったのかな。西島さんがそう思ったところ、犬が老人の腕の中でぱっちりと目を開き、

「おまえ、にんげんだろう」

そう言って西島さんのほうをにらみつけた。

エレベーターのドアが開き、老人は無言で降りていった。

降りるときちらっと覗いた小犬の顔は、目を閉じて舌を出した〈からっぽ〉の顔に戻っていたという。

深い溝

蒲田さんの通っていた中学校の裏にあった溝は狭くて深く、目を凝らして覗くと自分が映っているが、自分の隣に知らない男の子が一緒に映っている。

その男の子が笑顔の場合は自分が将来結婚する相手で、そうじゃない場合はつきあうけれど結婚には至らない相手だと同校の女子の間で言い伝えられていた。

蒲田さんがある日の放課後その溝を覗いたところ、自分の隣に人間ぐらい太さのある丸太のようなものが映っていた。

混乱した蒲田さんが仲のいい友達に相談すると、友達が覗いてもやはり丸太のようなものが隣に映ったので大騒ぎになった。噂を聞きつけて溝に殺到した女子たちが順番に覗くと、どの子の隣にもみんな丸太のような異様なものが映っていた。顔も手足もないから人間には見えないが、丸太は溝からこちらを覗き返しているように見えた。

それからは誰が溝を覗いても隣には丸太のようなものしか映らないようになった。蒲田さんは先輩から呼び出され「おまえのせいだ」「この丸太女」と罵《ののし》られ暴力を振るわれた。それを機に同級生からも虐《いじ》めに遭うようになり、仲のいい友達がみんな手のひらを返して彼女を「丸太女」と呼び始めた。その状態は卒業まで続いたという。

人造湖

間中さんは隣県にある人造湖に恋人のS美とドライブに行った。

真夜中だったので他に車はなく、見晴らしのいい橋の上に車を停めて二人は欄干《らんかん》の前に立った。

景色がいいとはいえ夜だから、点在する照明と星の光の中にうっすらと湖や山の輪郭が見えるだけだ。

それでもしばらく見とれて無言で肩を並べていると、橋の向こう側にぽつんと光があらわれてこちらに近づいてくる。

自動車かと思ったが、それにしては速度がゆっくりしている。

何だろうねとS美とささやきあっていると、松明《たいまつ》のようなものを掲げた人影と、それに続く人の列がじわじわと近づいてくるらしいとわかった。

不穏なものを感じた間中さんたちは車に乗り込み、Uターンしようと思ったがエンジンがかからない。

もたついているうちに車が囲まれてしまった。

松明を持った男がドアガラスから間中さんの顔を覗きこんできた。

男の顔には、普通ならあるべき場所に皺《しわ》が一本もないように見えた。単に若いというのではなく、顔立ちはむしろ老人的でもあるのだが、肌が不自然にぴんと張っていてメリハリがなかった。

その男が松明を持っていないほうの手で、助手席のS美の方を指差しながら（この女か？）とでもいうような目つきで間中さんを見つめる。

他の男たち、中には女もいたが、同じように皺の一本もない不自然な顔が炎のあかりの中にゆらゆらと浮かび上がり、間中さんに問うような目つきを送ってくる。

何を問われているかわからないけれど、間中さんはとにかく答えてはいけないのだと思って彼らから目をそらし、キーを回し続けた。

ようやくエンジンがかかると、あきらめたように人影は輪を解いて間中さんの車の前面を開けた。

山道を猛スピードで抜けていく間、しばらくため息や言葉にならない声を上げるだけで、会話ができなかったという。

沿道にコンビニを見つけて、駐車場に車を入れるとようやく今あったことについて二人は話し合った。

するとS美は、松明を掲げて囲んでいた集団はほとんど女ばかりだったと言った。

間中さんの顔を覗きこんでいたのも女で、それに対して間中さんは小刻みに何度もうなずいていた。だから女が何か話しかけ、それが間中さんには聞こえているのだろうと思ったという。

皺一つない、不自然に肌のぴんと張った顔の人々だったことは一致していた。

だがそれ以外の点については、まるで違うものを見てきたかのように食い違っている。

記憶の不一致を修正することができないまま、その日は明け方近くになって帰宅した。

コンビニから先はS美が車を運転し、マンションの駐車場に入るまで間中さんは助手席でずっと眠り続け、小学校の校庭での鬼ごっこの夢を見ていた。鬼が解かれたところで目が覚めると、マンションに到着していた。

S美の妊娠がわかったのは、そのドライブの日からひと月ほど経った頃である。

それを機に二人は結婚について話し合い、ともに前向きに考えていることを確認しあった。間中さんはほどなく広めの部屋に引っ越して、S美もその部屋から仕事に通い始めた。その年の盆休みの帰省には、S美も同行するという話になり、すべてが順調に進んでいるように思われた。

だが妊娠五ヶ月目のときに、S美の浮気が発覚した。相手の男は妻子持ちで、男の奥さんからの手紙で間中さんは浮気の事実を知ったのだ。しかもかなり長期にわたる関係だったことがわかると、間中さんは何か取り返しのつかない亀裂が二人の間に走った気がしたという。

関係は険悪なものになったが、それでもS美は部屋を出ていくことはなく、冷え切った同居が続いていた。

互いに関係を改善しようという努力は見られなかったから、気持ちの整理がついたら別れて、お腹の子も堕ろすという暗黙の了解ができていると間中さんは思い込んでいた。

ところがある日仕事から帰ると、部屋からS美の荷物がすべて消えていた。

S美自身のマンションの部屋も引き払われ、携帯電話も解約するなど共通の知人たちとも連絡を一切絶ってしまっていた。

実家の連絡先だといって知らされていたものは、住所も電話番号もでたらめだったことがわかったという。

嘘だらけだった関係に未練はなかったけれど、間中さんはお腹の子供のことだけが気がかりだった。

それはほとんど勘だけれど自分の子供である可能性が高いと思っていたそうだ。

S美の消息はわからないままで、月日とともに共通の知人たちとも疎遠になっていき、間中さんの生活も年々大きく変わっていった。

会社から独立して始めた仕事が順調にいかず、まったく異なる職種でふたたび勤め人の生活に戻った。

新しい職場で知り合った年下の女性と結婚し、二年後には性格の不一致で離婚した。

幸か不幸か子供はつくらなかったという。

黙って部屋を出ていった日から八年後の年の瀬、突然S美から連絡があった。

古い女友達を通じての伝言で、子供はあの後すぐに堕ろしたのだが、その時の費用を今分担してくれないかという話だった。

直接のコンタクトは取りたくないという話だったので、間中さんは指定された口座に言われたとおりの金額を振り込んだ。

その直後に仲介してくれた女友達と連絡が取れなくなり、S美の消息の方もそれきり途絶えてしまっている。

女友達は羊水塞栓症《ようすいそくせんしょう》という病気で亡くなったということが、のちに人づてに間中さんの耳に入ってきた。S美との連絡を仲介してくれていた最中、彼女のお腹には子供がいたらしい。


数年後に間中さんは美容室で偶然開いた女性雑誌のページで、S美によく似た女性が〈年齢を感じさせない美貌の持ち主たち〉の特集で紹介されているのを発見した。

掲載されていた女性の名前はS美ではないし、生年月日を見るとS美より一、二歳若いようだ。専業主婦と書いてあった。

しかし写真を見るかぎり顔だちはよく似ている。全身の写真もあって、いくらか痩せているように見えるがその骨格からはどう見ても本人だとしか思えなかった。

そしてたしかに、四十代にはとても見えない、つきあっていた当時よりも若いくらいだ。

ただ肌の皺のなさにかなり不自然な印象があり、同じ記事の他の女性たちと比べてもメリハリがなく一人だけとても人工的な顔に見える。
読者の評判がよくなかったのか、それ以上のメディアへの露出はなかったようだ。

虫染み

喫茶店で、買ってきたばかりの本を読む。するとページに虫が貼りついていた。あわてて剥《は》がしたけれど、紙面に染みが残ってしまっている。今日発売の楽しみにしていた本なのに。がっかりして余白を見つめていたら染みに二つの目と口があるのに気づく。鼻のような線も見える。小さいけれどたしかに顔のかたちになっている。

テーブルの上をさがすと、灰色に固まった羽虫が砂糖壺の横に落ちていた。あきらかに死骸だったのに、ナプキンの先でつつくと水を含んだように膨らみ、どこかに飛んでいってしまった。

ページを見ると染みがもうどこにもない。

星を読む

恵吾さんのお祖父《じい》さんが認知症になってからよく家のベランダに立って星を見ていたので、じいちゃん星見るのが好きだねえと声を掛けると「おもしろいからなあ」と返事がある。星って面白いかね、と恵吾さんが言うと「いろいろ書いてあるからなあ」と答えた。どういう意味かなと考えている恵吾さんに、お祖父さんは星を一つずつ指差すようなしぐさをしてみせながら「な、か、や、ま、ゆ、う、さ、く」と声に出した。まるで離れ離れの字をつないで読み上げるように見えたという。

一週間ほど経った朝に恵吾さんが大学に行くため駅へ歩いていると、沿道の斎場の前に出ている看板に目が留まった。

〈故中山雄作儀葬儀式場〉

そう書いてあることに気がついたのだ。驚いた恵吾さんはそのまま家に取って返してお祖父さんに「こないだの中山っていう人、知り合いだったの?」と問い質《ただ》したけれど、目をぱちぱちさせて不思議そうな顔をしているだけでお祖父さんから返答は得られなかった。

それからもお祖父さんは二年後に亡くなる直前までベランダで星を見ていたが、もう夜空に何が書いてあるかは教えてくれなかった。

あのときおれがあんまり怖い顔で問い詰めてしまったからじゃないですかね、と恵吾さんは言う。

青鷺《あおさぎ》

金谷さんのお祖父さんは子供の頃、横浜の外れのほうの農村に住んでいた。

そのあたりはこじんまりとした山がいくつかあり、お祖父さんは一人遊びが好きだったので、よく山に踏み入って虫を採ったり、ガラクタを持ち込んで自分だけの小屋を拵《こしら》えたりした。

ある日夕方近く、その秘密の小屋を訪れると、中にぼろを纏《まと》った人がいるのが見えた。勝手に上がり込まれて腹が立ったのと、やはり何者か知れず怖いから虚勢もあってお祖父さんは「おれの小屋だぞ」と遠くから怒鳴《どな》りながら近づいた。

すると小屋からは「何を言う、おれの小屋だぞ」と声が返ってくる。レコードの回転数を上げたような不自然な声だった。

お祖父さんは肝《きも》が冷えたが、引っ込みがつかない気持ちもあり、

「馬鹿野郎、おれがつくったんだからおれの小屋だ」

そう怒鳴りながら小屋の壁を蹴りつけた。

すると間髪入れず、

「おれの足だ」

と中から声が返ってきた。

お祖父さんは「何がおまえの足だって?」と言いながらめちゃくちゃに小屋を外から蹴りつけ、手で叩き、また蹴りつけて「おれの小屋から出て行け」と叫んだ。

すると小屋の中からは、

「おれの尻だ」

「おれの頭だ」

「おれの胸だ」

そう次々と声が返ってきたが、だんだん声に力がなくなり、しまいには呂律《ろれつ》が回らないのか、

「えれのはねが」

という声が聞こえたかと思うと、それきり静かになって、いくら壁を蹴っても何の反応も返らなくなった。

はっとして顔を上げると、今まで蹴りつけていた小屋はどこにもなく、お祖父さんは神社の裏のよく知る広場に息を切らせて立っていた。

足元には、脚が折れて体がひどく汚れた青鷺がひくひくと動いていて、曲がった首から両目が無表情にこちらを見ている。

まるでめちゃくちゃに誰かに痛めつけられ、瀕死《ひんし》の状態で喘《あえ》いでいるようだった。

ほどなく青鷺がすっかり動かなくなると、お祖父さんは何かいたたまれないような気持ちになり、その大きな鳥に落葉をかぶせて人目から隠してやった。それから秘密の小屋へ戻ろうとしたが、なぜか行き慣れた道が見つからない。いつも歩いている山なのに、見知らぬ場所のように迷ってしまいどうしてもたどり着くことができなかった。

この日から山を歩く勘がすっかり狂ってしまったお祖父さんは、自分でつくった秘密の小屋を二度と見ることはなかったという。

雪案山子《ゆきがかし》

昭和の半ばを過ぎた頃、ある青年が、雪野原に倒れている案山子を見た。
たしかにそう思ったのだが、近づいてみるとそれは絣《かすり》の着物を着た若い男だった。
これはいけないと必死に足を抜き差ししながら間近まで来て肩を揺する。
「大丈夫か、気がついているか」青年は声を張り上げた。
すると男は閉じていた目を開けてまぶしそうにこちらを見た。
「よし、立てるだろうな。連れていってやるぞ」
そう言って肩を貸して起き上がらせながら青年は、
(だけどさっきは案山子に見えたんだよな)
ふとそう思って身がこわばるのを感じた。
そのとき男の腕が固く細いものに変わるのに気づいた。

自分の肩を頼って抱えてくるはずのその腕は、まっすぐあさっての方に伸ばされている。寄り添う体からも厚みが失われ、支えようとして踏ん張った自分の力が空回りしていた。

(ああ駄目だ、そんなこと考えちゃいけない)

青年がどうにか頭の中の想像をかき消してゆくと、男の体は厚みと重さを取り戻していった。

「さあ大丈夫だ、あそこにトラックがあるからな。あそこまで歩いたら乗せてってやるから」

一歩、二歩と踏み出しながら青年は(何とか返事をしてくれ)と思ったという。せめてうなずいてくれないか、そうじゃないとまた疑ってしまうだろう。

雪の上を強引に引きずろうとしたら、男の体がまた一瞬にして軽くなった。

「ほら歩くんだよ、おまえ歩けるはずだろうが」

無理に声を張り上げたが、自分の足跡の横に長く引かれているひと筋の線を見ると、もう青年は自分が人を助けていると信じるのは無理だと悟っていた。

ぼろを纏《まと》い、軍手の指を垂らした大柄な案山子を雪野原に突き立てると、青年は逃げるようにその場を後にしたという。

※

ちなみにこのように雪の積もった日、必ずしも田んぼではない場所に倒れている案山子を見つけることをその地域では〈雪案山子〉と呼んで恐れている。

この青年はたまたま最近よそから移ってきた者で知らなかったが、雪案山子だとわかっていても無視すればいいというものではなく、時に行き倒れの人間が案山子に見えるという真逆の例もあるらしい。

それで病人をみすみす見殺しにしてしまったという話もいくつか伝わっている。

こうした扱いの難しさからか、雪案山子のことを土地の人はよそ者には話したがらない。どこか家郷の恥と思っている気配があり、話すことで新たな雪案山子を呼び込んでしまうと信じている年寄りもあるほどである。

※

愛美さんは子供の頃、家の前の坂道に案山子が落ちているのを見た。

まるで大の字に寝ている人のように「へのへのもへじ」の顔を仰向けに、道端の雪の深い部分に倒れていた。

自分の部屋の窓から見つけたのだが、階段を駆け下りて母親にそのことを教えると、

「あれはいいの、お父さんが後で片付けることになってるから」

そう言って缶ビールを片手に、テレビの歌番組から目を離そうとさえしない。

だがお父さんはまだ仕事から帰ってきていないし、そもそもお父さんが車庫に車を入れるとき、あんな場所に案山子が落ちていたら邪魔じゃないのか。

たまに車を植木にぶつけて鉢を割ったりして、お母さんにひどく怒られているのを知っていた。これから夜になって見通しが悪いときにあんな予想外のものが落ちていたら、引っ掛けて思わぬ事故の元になるかもしれない。

そう思った愛美さんは、気を利かせて案山子を少し横の方にどかせておくことにした。

近くで見ると案山子の顔は、さっき見たと思った「へのへのもへじ」ではなく、かなりリアルに目鼻が書き込まれていた。

リアルすぎて、誰か知っている人の顔のようにも思えてしまう。

だけど何でこんな場所に案山子があるのだろうと愛美さんは疑問に思う。愛美さんの家は田んぼから遠い場所にあるし、近所にはもう農業をやっている人はいなかった。誰かがトラックに載せてどこかに運んでいる途中、落としていったことに気づかなかったのだろうか。

そんなことを想像しつつ、案山子の腕を握って近くに引き寄せた。

棒でできた腕の先では濡れた軍手が凍りついていて、愛美さんの脇腹に当たるとひやっとする。

思わず雪の上に取り落とすと、案山子がわずかに身じろぎしたような気がした。

顔がさっきよりももっとリアルで、両目が愛美さんのほうに向けられていた。

そのとき気づいたのだが、案山子の顔は二年前に亡くなった幼稚園の園長先生にそっくりだった。

やはりこんな雪道で運転中に心臓の発作を起こし、田んぼに突っ込んだ車のドアからもがき出るような体勢で亡くなっていたのだと聞いていた。

愛美さんの母親が町にショッピングに出かけた帰途に通りかかり、第一発見者となっている。だから愛美さんは詳しい現場の状況を何度も聞かされていた。

愛美さんがその事故を思い出したことを喜ぶように、案山子の口がくっと曲がって笑っている顔になった。

気のせい、気のせいと自分に言い聞かせながら、愛美さんは少しずつ後ずさっていった。背を向けた途端に案山子が飛びかかってきそうで怖かったのだ。

後ろ手にまさぐって家の門扉をさぐりあて、一気に家に駆け込もうと思ったとき。

後ろから何かが愛美さんの体を抱きすくめた。


声にならない叫びを上げてもがく愛美さんに、

「じたばたしなさんな」

そうたしなめるように言ったのは母親の声だった。

部屋着に何も羽織《はお》らずに雪の上に立つ母は、どかどかと案山子の前に踏み出すといきなり案山子を踏み潰し始めた。

「しつこいんだよ」「このくそじじいが」などと罵《のの》しりながら振り下ろされる長靴の下で、案山子は無残に変形し、木と布の絡まったようなぼろくずに変わっていった。

いつのまにか「へのへのもへじ」に戻っていた顔に釘付けになっている愛美さんのを腕を取ると、母親は無言で玄関まで引きずっていった。

朝になって部屋の窓から見下ろすと、案山子が倒れていたはずの場所には翼をひろげたかたちに一羽の黒いカラスが落ちていた。そのまわりは雪が赤く染まり、無数の足跡が残っているのがわかる。

それも愛美さんが学校へ行くときには誰かが片付けたのか、血の痕跡さえ見当たらなくなっていた。

両親に案山子のことを訊ねると「夢でも見たんだろう」ととぼけられたという。

二匹

愛猫のリンが、横腹に長い針のようなものが刺さった状態で外から帰ってきた。

どうしていいかわからず志保美さんが玄関先でおろおろしていると、たまに見かける野良の黒猫がブロック塀の穴から飛び降りてリンに近づき「あまくみるなよ」と喋った。

唖然とする志保美さんの前で、二匹は視線を交わすと連れ立って隣家との境界の珊瑚樹《さんごじゅ》の垣にもぐっていった。

三日後にリンは傷がふさがった状態で帰ってきた。

一週間後に、黒猫がしっぽや後ろ脚がちぎれた惨《むご》たらしい状態で家の前の溝に浮かんでいるのが見つかった。

同じ日に一区画離れたウィークリーマンションで、住人の二十六歳の男が孤独死しているのが管理人に発見された。男の部屋の中やマンションの庭から大量の猫の死骸や骨が見つかったという。

先生の蛇

山間の小学校に通っていた頃の紗江さんはよく授業中にササキシンジ先生のズボンの裾から蛇が出ていくところを見た。他に気づいている子はいないようだったが、蛇が出ていった後の先生は急にそわそわしだして授業を中断してあわててトイレに行く。先生は生徒たちにただお腹の緩《ゆる》い先生とだけ思われていた。ズボンから出ていった蛇の方は壁と床の隙間から外に逃げてしまうが、後で調べるとそんな隙間はいつも見つからなかった。よく似た蛇を紗江さんは通学路の農道でも見かけたことがあるが、紗江さんに見つかると蛇はするすると器用に電柱をのぼっていって、彼女がその場を立ち去るまで決して下りてこようとしなかった。

相部屋

　会社の新人研修の夜、金縛りに遭った末男さんは同室の新人が寝言を言いながら起き上がってトレーナー姿で部屋を出ていくのを見た。やがてまったく同じトレーナーを着た別人の男が部屋にもどってきて布団に入るのを横目で見ながら意識が薄れ、気がつくと朝で男は別人のままだったが誰もそれを指摘せずに何事もなかったように研修は続いた。

　あれから十四年経った現在、そのときの別人が直属の上司だという。

大学の掲示板

昭和五十年代の半ば頃、ある男子学生がアルバイトを探して大学の掲示板を見ていたら白髪の老人に声を掛けられた。「ほとほと困っている仕事があるから助けると思って引き受けてくれ」と言いながら強引に袖を引きどこかに連れて行こうとするので、抵抗したら老人とは思えぬものすごい力で殴りつけられた。

学生は頭を抱えてうずくまったところをずるずると引きずられ、気がついたら知らない路上で背中にクラクションを浴びていた。

そこは大学から十五キロも離れた郊外の国道の丁字路だった。

引きずられるとき老人の手首に青々と入れ墨が覗いていたことを憶えているが、顔や服装はどんなものだったかまるで思い出せなかったという。

同じような目に遭った学生が何人かいたという話だが、いずれも我に返る場所は丁字路だった。ただしたいていは大学の近所で、学生なら土地勘も働く範囲だったようだ。

その後掲示板に〈怪しい老人の勧誘にご注意下さい〉と書かれた貼り紙が誰かの手で貼られた。

それ以後はなぜか〈被害者〉が出なくなったようだという。

諾

Fさんが墓石に「死んでろ」と落書きして記念に撮った写真を後で見たら「ろ」の字の先が丸まって「る」に変わっていた。

達磨《だるま》

百円ショップの店員をしている、真坂さんの話。

十歳くらいのときに、虫達磨っていうのをやったんですよ。おれがそう名づけたんですけどね、達磨に片目だけ入れて、願掛けってやるじゃないですか？　おれもそれがやってみたくなって。

だけど達磨ってどこで手に入るか知らないし、金もなかったから。かわりになるものないかなって考えたわけです。そしたら、達磨っていうのは要するに、手足がないわけだろって気づいたの。だからそのへんから虫を捕まえてきて達磨にすればいいやって思ったわけです。

ただ、顔書かなきゃ達磨にならないから。それなりに表面積がいるから、なんでもいいわけじゃないなって思って。よく考えてカブトムシにしたんです。

ちょうど夏だったのはいいけど、うちの地元でももう、山の開発進んでてあんまり捕れなくなってましたから。けっこう苦労して、一週間くらいかかったのかな。やっと天神様の下の森の中で粘って、一匹だけ捕れたのはメスだった。普通だったら「メスかあ」ってがっかりするんだけど、メスのほうが達磨に形が似てて、いかにもそれらしい感じがしてちょうどよかったですね。

部屋に持って帰って、爪きりで足を一本ずつ根元から切った。それで自転車に名前とか書く、白い油性のペンがありますでしょ？　あれで背中に顔書いたんですよね。おれ絵下手だから、達磨っていうよりナマズ人間みたいな顔になったけど、ひとまず完成して、黒目だけ入れればいい状態になりました。

それをチョコの空き箱に入れたら、むくむく動いてたんですよね。なんか、グロテスクだった。不気味な大人のおもちゃ、みたいな感じ。じゃあ何願掛けたらいいかなってそのとき初めて考えた。まだ何も決めてなかったんですよ。

虫の達磨だから、あんまりでかいことは無理だと思って、そうだ最近食べてないからハンバーグが今夜食べたいなと思って。おれのお袋は中にチーズ入れて、当時の家庭としちゃ、けっこう凝った本格的なハンバーグつくる人だったんですよ。

でもお袋は長いことずっと入院してて、夜は毎日親父の作る煮物とか焼き魚ばっかりで、口がそんな和風の味に飽きちゃって、洋風を求めてたんです。

ひさしぶりにハンバーグが食べたいです、って願いながらペンで達磨に片目入れたんですよ。

そしたらなんか、急速に今してることに対して興味がなくなっちゃって、部屋の隅に箱ごと放って遊びに行っちゃったんです。

帰ってきたのは夕方だった。そしたら親父がもう仕事から帰ってきてて。

台所に立ってたんだけど、なんかいい匂いするんだ。いつもの醤油とか味噌じゃない、もっと肉っぽい脂の匂いです。

何だと思ったら、近所に同じ職場の人が住んでるんだけど、そこの奥さんからお裾分けにハンバーグもらったっていうんですよ。

それでやっとおれ、願掛けのこと思い出して。すごい！　虫達磨やるなあって感心して、すごいはしゃいじゃって。

それで鼻歌なんか歌いながら、親父が火入れて温め直してる鍋の蓋取ったんですよ。そしたら。

俵型《たわらがた》っていうのかな。おはぎみたいな形に焼いたハンバーグが四つ底に並べてあった。

それが、カブトムシにそっくりだったんですよ。

足をちょん切ったメスの、カブトムシがじゅうじゅう音たてて焼けてるんですよ。

そう見えたの。おれ気分悪くなっちゃって。

だって、匂いも肉汁の中に、カブトムシ独特の甘酸っぱい臭いがあるでしょ？　あれが混じっててなんか吐きそうな感じになってるんですよ。

おやじは旨い旨いって食べてたから、たぶん気づいてなかったと思うんだ。

でもおれもすごいはしゃいじゃった手前もあるから、一個だけ息止めて食べましたよ。

後は急に腹痛くなったふりして残して、なんだもったいないって言いながらおやじが残りを食べるのを見てた。

いや、じっさい腹痛くなったんだった。それでトイレ行ってこっそりもどしたら、胃液と消化しかけの肉になんか、昆虫の脚みたいのが何本も混じってた。

それ見て頭からすーって血の気が引いていきましたよ。

自分の部屋にもどって、隅《すみ》のほうに投げてあった空き箱見たらカブトムシはもう、つついてもころがしても全然動かなくなってた。電池切れたみたいに。

それから半月も経たないうちに、お袋は病院で死んでしまったんです。もう治らないっていうのはなんとなくわかってたけど、そんなに早いとは思わなかったんですよね。何で虫達磨に、お袋の回復を願わなかったのかって？

さあ、何ででしょうね。そういうことは、虫なんかに願かけちゃいけないって思ったんじゃないのかな。

馬鹿な子供なりにね。わきまえてたんだと思いますよ。

地蔵の顔

拓さんの田舎には、何とも滑稽《こっけい》な顔をした石地蔵があった。

昔そのあたりの調査に来ていた大学の偉い先生が「これは某《なにがし》という有力者の墓石から彫り出されたものだ」と由来を語ったものらしい。

「死後五十年経ったらおれのことを知らないよその石屋を呼んで、詳細は伏せて墓石を地蔵に作り直させてくれ」

「それがあの世にあるおれの姿を映す鏡となり、分身としてこの土地と子孫の繁栄を見守ることになるだろう」

そのように遺言した村の有力者――仮に長者と呼ぶ――の存在が古い史料に示されていたのだという。

だが死後五十年で地蔵になるというのは見込みが甘かったのか、事情を知らされない石屋の手で彫り上がってきた地蔵は何ともしまりがない、間の抜けた顔つきだった。

それでも息子の手で立派なお堂が建てられ、地蔵は路傍から人々の行き交いを見守った。長者の家はいくつかの災難と身内の放蕩によってのちに傾いて、その子孫たちは散り散りにこの土地を去っていった。

修繕する者のいなくなったお堂はあばら家のようになり、地蔵は風雪に曝され滑稽な顔を日々磨耗《まもう》させながらこの土地の景色の一部をなしてきた。

だが拓さんが小学生の頃に、無謀運転の若者の車が突っ込んでお堂が大破、中の地蔵も無残に倒れて砕けてしまった。

もうごく一部の年寄り以外拝む人もいなかった地蔵である。いい機会だとばかりにそのまま撤去したところ、前後して地元では不気味な噂が流れるようになった。

夜間そのあたりを車で通りかかると、青白い枯れ木のようなものがぼうっと光っているのが見える。何だろうかと目を凝らして近づけば、ふんどし姿の骸骨のように痩せた男が路傍に立って、白い前垂れを揺らしながら車道にまかり出ようとしているという。

あわててハンドルを切ってふりかえればそこには誰もいない。

これは間違いなく、地蔵を遺言でつくらせた長者の幽霊だろうと噂された。

あろうことかその幽霊を夜道で目撃した者が、立て続けに四人も急死してしまった。

前日まで元気だった人たちが、病床に伏せる間もなく頓死していき、これといった原因も判明しなかったのである。

あわてて自治会のなけなしの予算をはたいてお堂を元の場所に再建し、砕けた地蔵を石屋に頼んで接着すると、どうにか地蔵の形をなすところまで戻して設置した。

それで長者の霊も満足を得たのか、幽霊騒動は嘘のように立ち消えてしまった。

ただ満足の理由には異説もあって、生前の長者は離縁や死別などで生涯四人の妻を持ったとされているから、それと同じ数が揃ったから幽霊も出なくなったのではないかというものである。

たしかに、幽霊を見た後に亡くなったとされる人たちは老若さまざまであるが、四人全員が女性だったのだ。

仲良し

　ある町のゲームセンターで火事が発生し、黒煙が噴き出す出入り口から子供たちが転げながら次々と逃げ出てきた。

　たまたま外回りの営業の途中に通りかかった前川さんは、近くの陸橋の上からその様子を見ていたという。

　逃げ出した子供たちはそのまま立ち上がって路地を抜け、消火活動をする人たちや消防車や野次馬たちの隙間をくぐって大通りに出ると、車のひっきりなしに行きかう中を平然とこちら側に渡ってきた。

　さらに歩道の階段を上って前川さんのいる陸橋の上にたどり着き、凍りついたように動けなくなっている前川さんの前に三人で小さな肩を並べた。

〈ふうーっ、あつかったぁーっ〉

元気よくそう叫んで煤《すす》だらけの相好をくずすと、そろって腕組みをしたポーズのまま消えてしまった。

あたりには肉の焼け焦げたような臭いがたちこめていたという。

弟

定彦さんの弟は子供の頃に喘息《ぜんそく》で亡くなったが、一年後に生前通っていた小学校の水飲み場に現れ、なぜかそこで立ち小便をしていた。弟のことを知らない子供たちが弟を取り囲んではやし立て、知っている子供は怖がって逃げるか口が利けないほど驚いて立ち竦んでいた。教師が来て人払いしたときようやく弟はその場から消えたので、あれは生きている人間だとその後も疑ってすらいない子供も多かったようだ。

最後までそこにいた同級生によれば、顔は臭い物を嗅いだような表情で、小便は見ている間ずっと止まらなかったそうだ。少なくとも五分以上は出ていた。

天使

昭さんはバイトの面接を受けた帰りに、アーケード商店街を駅に向かって歩いていた。

夕方で人出が増えたのか、行き道よりも混雑しているように見える。

うまく人の流れに乗っていけるよう、駅の方から来る人とぶつからないよう気をつけながら歩いていると、視界の上の方が気になったという。

ちらちらと目玉を上げて確認してみるが、視線を逃れるように小さな影が浮き上がってどこかに消えてしまう。

そしてまた正面を見て歩いていると、同じ影がすーっと下りてくるのがわかった。

ちょうど、気が散ってしかたがないような位置にふわふわと漂いながら、ずっと昭さんの歩みについてくる。

昭さんは店の壁にさっと背中をつけて立ち止まり、人の邪魔にならないような位置から頭上を仰ぎ見た。

するとアーケードの天井付近に裸の子供が浮かんでいた。

子供も昭さんが立ち止まったのと合わせるように、その場にとどまってふわふわと上下していた。

咄嗟《とっさ》に思い浮かんだのは〈天使〉という言葉だったという。
二、三歳の、一糸まとわぬ子供が手足をともにハの字にひらき、虚《うつ》ろな目で雑踏を睨《にら》んでいる。
顔立ちから男の子のように思えるが、はっきりとは確認できなかった。

子供の腹のあたりが縦に裂けていて、そこから腸のような赤い絡み合ったものが垂れ下がって下腹部を隠していた。

昭さんはその場で携帯で〈天使　腸を垂らしている〉で検索してみたが、やはりそのような天使はいないようだった。

検索結果を確認して、視線を戻すともう子供の姿は見えなくなっていたという。

土竜《もぐら》

工藤さんのお祖母さんが子供の頃、ある富裕な親戚の墓を改葬しようと一族の者が地面を掘り返したところ、土葬されていた棺の中の遺体が手に土竜の死骸を握りしめているのを見つけた。

遺体はとうに白骨化していたが、土竜のほうは腐りかけていたもののまだ形があって、遺体の指の骨が土竜の胴体の肉に深く突き刺さっていた。

恐ろしい話というよりも「あの人は死んでも掴めるものは何でも掴んでけっして手離さない」という悪口として、当時の大人たちはこの話を語っていたそうである。

踏切に立つ

種野さんの説では、幽霊というのは死んだ人間の化石のようなものだ。
化石には遺骸の実体が残るものと、実体のあった痕跡だけが岩石に残されたものとがある。その後者の意味での化石、しかも肉体だけでなく精神的なものも含まれているのが幽霊だということになる。

幽霊がなぜ裸ではないのか、というよく言われる疑問もそれで説明できると種野さんは語った。

人生の時間の大半を服を着て過ごしていた以上、この世に残る痕跡は着衣の状態なのである。

化石における岩石にあたるものはこの場合、生きている人間たちの精神生活ということになる。

種野さんはしかし、過去に一度だけ裸の幽霊を見たことがある。

終電を逃して、三駅分を線路沿いに歩いて帰る途中だったという。

とある踏切の前を通り過ぎるとき、線路を挟んだ反対側に人が立っているのに気づいた。

その印象に何かひっかかりをおぼえて、種野さんは一度通り過ぎてから立ち止まって、踏切を覗き込んだ。

よく見ると、持ち上がった遮断棒と並ぶように立っているその人は裸だった。

体つきからあまり若くない女性のようで、髪は肩ぐらいまであり、下着も靴も身につけていないらしい。

両脚の腿《もも》に手術痕のようなものがあった。

認知症の人の徘徊、薬物中毒者などさまざまな可能性を考慮しつつ、警察に通報するべきか種野さんは迷った。

正直こんな時間に面倒に巻き込まれ、帰宅が遅れるのは嫌だなと感じたのだ。

終電後ということは、踏切内に立っていて危険ということもないのだし、このまま見なかったことにしようか。

そんなふうに思っていると、女の人はこちらに向かって歩き始めた。

だが膝《ひざ》が曲がらないのか、ぎこちなく踏み出す両脚の動きと、こちらへ近づく速度が噛み合っていなかった。

わずかな歩幅で踏み出しているのに、映像のコマを抜いたように急に近づいたり、逆に何歩踏み出してもその場にとどまっていたりした。

それを見て種野さんはようやく、この人が警察に通報する必要のない存在だということに気づいた。

あわてて彼も歩き出して、それからすぐに軽い駆け足になった。

背後のあるまがまがしい気配は、しだいに遠ざかっていくように感じる。

ほっとして、息を切らせながらやや歩みを遅くして線路沿いの坂を下った。

下りきったところで急に種野さんは鳥肌が立つのを感じた。

腕をさすりながら前方を見ると、踏切がある。

先ほどのよりも広い道が線路と交差している踏切で、線路の向こう側に目をやると、さっきの裸の女の人が立っていた。

両脚に手術痕がみられ、すでにこちらに向かってぎこちなく歩き出している。

ぎょっとした種野さんはふたたび駆け出して、しばらく線路沿いを夢中で走ったのち急に思うところあって道を真横に折れた。

そのまま線路に近づかないようにして、大きく遠回りのルートを選んで道に迷いながら帰宅したところ、もうあの裸の女性に会うことはなかったという。

幽霊が裸だったこともさることながら、踏切には先回りできたのになぜ普通に後を追っては来なかったのか。

この晩の経験は〈幽霊＝化石〉説ではまだうまく説明できないそうである。

頭

蔵野さんの先輩Iさんの話。

Iさんが夜間の飲食店バイトを終えて帰宅する途中、自転車でS川の橋を渡っていると足の下から水を激しく叩くような音がする。

何だろうと自転車を停めて、欄干に近づくと暗い川を抜き手を切っていく大きな人のかたちの影が見えた。

頭だけで西瓜《すいか》より二まわりも大きく、街灯が映るほどの禿頭で、白装束を身にまとっているようだった。上流に向かって進んでいたという。

手のひらが水を叩いて撥《は》ね上げ、その水は飛散して陸まで届いているようだった。

水辺にあるブルーシートの家から続々とホームレスたちが姿を見せ、岸からその巨人の泳ぎを見守っていた。

中には手を振っているように見える後ろ姿もあった。

遠くからの観察ではあるが、総じてこの珍事に盛り上がっているように感じられたそうだ。

やがて急に速度を上げたのか、それとも水に深く沈んだのか、その巨大な泳ぐ人影はIさんの位置からは見えなくなった。

数日後の昼間に橋を通りかかると、水辺からブルーシートの家が一掃されていた。

家があったあたりには、日本酒の紙パックと花束が蹴飛ばされたように散乱していた。

猫カフェ

絵美子さんは友人に誘われて猫カフェに行ったが、全然楽しめなかったという。

どの猫も神社の狛犬《こまいぬ》を猫の大きさにしたような異様な姿をしていて、近づいてくると何日も放置したカップ焼きそばみたいな臭いがツンと鼻をついた。

臭いも嫌だが、顔も猫というより鬼のようで睨《にら》まれると生きた心地がしない。

だがどういうわけか友人も居合わせたほかの客も、そんなことには気づかないらしく可愛い可愛いを連発して狛犬にさわりまくっている。

絵美子さんだけがまるで間違えて来てしまった猫嫌いの人みたいに隅っこに小さくなっていて、友人に「大丈夫？　顔色悪いよ」と心配されたがひたすら笑ってごまかした。

ただカフェの店員だけは何か気づいているようで、さっきからしきりと絵美子さんのほうをちらちらと窺って何か訊ねるような目つきを送ってくる。

その視線もまた気味が悪くて、絵美子さんは無視するように努め、窓の外の線路ばかり眺めていた。

やっぱりちょっと具合悪いみたいだから、と友人に謝ってどうにか早めに一緒に店を出た。

外に出たとたん、店の近所にある踏切の警報音が周囲に鳴りわたり、線路沿いの鉄柵に、花束やお茶のペットボトル、ビスケット菓子が供えられているのが絵美子さんの目に入った。

その供え物のまわりをさっき店で見たのとそっくりな小さな狛犬が、まるでゴミ袋をあさる猫のような仕草でうろつくのを見て絵美子さんは寒気をおぼえた。

そのとき後ろから「おまえらがなあ」という低い声がしたので振り返ったところ、友人がバランスのおかしい笑顔をつくって仁王立ちしており、絵美子さんに向かって白く尖った歯をむき出していた。

「みんな悪いんだけど、でもな、かわりに死んでくれたんやで」

そう唸《うな》るようにつぶやくと、歯をむき出した顔のまま友人は灰色の水状のものを嘔吐し始め、そのまま前のめりに路上に倒れて失神してしまった。

絵美子さんの呼んだ救急車の中で気がついたときには、彼女は自分が何をしたかまるで憶えていなかったという。

猫カフェはしばらく営業を続けていたが、ある日突然店を閉めていた。飼われていた猫たちに原因不明の急死が相次いだのが原因だといわれる。たった二日間のうちに、十匹前後いた猫の数が一匹に減ってしまったそうだ。

年賀

数年前、届いた年賀状をこたつに並べて眺めていた白峰さんは、一枚まったく記憶にない名前の人からの賀状を見つけた。差出人の住所は〈鎌倉〉としか書いていない。裏を見ると几帳面なボールペンの文字で、こんな文面が綴《つづ》られている。

明けましておめでとうございます。去年来ていただいた時はとんだご無礼しました。あれは弟の彼女だったんですが、しつけがなっていませんでした。手の傷は治りましたか。少ないですが五千円を振り込ませていただきました。それでどうにか、かんべんしていただければと思います。わたしも手を犬にかまれ、手首から先がなくなりました。因果というやつだと思いましたがさびしいものです。ひだり手で書くのはたいへん不便だと痛感しています。弟の彼女も手首が痛いというので、知り合いに頼んでまじないのイレズミをいれてやりました。彼女の話だと、弟は不能になったようです。またぜひ今年もこれに懲りずに、弟たちにチャレンジさせてやってください。あたらしいスキー帽もお似合いください。

白峰さんは二週間ほど前に駅のトイレで五千円札を拾って着服し、帰りにニットキャップを買ったことを思い出した。

それ以外の点はまったく内容に心当たりがないそうである。

廃墟の解体

フリーターのMちゃんの従兄の賢一さんの地元には、廃墟化した喫茶店があった。

賢一さんが子供の頃には営業していたそうだから、閉店して二十年ほど経っていたのだろう。破れた看板に店の名前らしきものがかろうじて読める。

とはいえ営業中にすでに壁がべこべこに歪んでいた記憶があるので、建物は相当昔に建てられたものだろうという。

勤めていた工場への送迎バスの乗り場が、その廃墟の喫茶店と道を挟んだ位置にあった。だから賢一さんは毎朝この建物を否応なく眺めていたのだが、どうも日に日に建物の歪みがひどくなっているように思えてならない。

一階部分が二階の重さに耐えかねて、今にも膝《ひざ》を付きそうな人の姿に見えた。

これは危険すぎるのではないかと思ったが、近所の人たちは平然と廃屋の前を歩いていた。

何だか見ていられなくて、近くの交番のお巡りさんに話してみたが、

「うーん、倒れそうに見える？　そうかなあー」

などとのらりくらりと対応されて、まったく埒《らち》があかなかった。

それからも建物の歪みは着実に進行しているように見えたが、取り壊しはもちろん補修されている気配もなかった。


ある朝、賢一さんがバスを待っていると、その廃墟の喫茶店のドアが開いて中から警察官が出てきた。

あ、やっと建物を調べてくれてるのかなと思ったが何か様子が違う。

警察官の姿をしているけれど、立ち居振る舞いがそれらしくないというか、挙動不審に見えた。

仕事をしているという気配がなく、何をすればいいかわからずにいる人のようだ。

するとまたドアが開いて、別の警察官が店から出てきた。

今度の人も手持ち無沙汰に自分の制服を引っ張ったり叩いたりしている。

警察官は全部で三人ドアから出てきたが、それぞれが他の二人を無視しているように見えた。

何のコミュニケーションもなく、バラバラに行動しているようだったという。

やがて三人は無言のままそれぞれ別方向に向かって歩いていってしまった。

バスに乗ってから顔見知りの工員に今の警察官たちのことを話してみると、

「三人？　いやおれは一人しか見なかったけどな」

そう言ってすぐに黙ってしまったので顔を見ると、窓にもたれて静かな寝息を立てていた。


それからたぶん一週間もしないうちに喫茶店の建物は解体された。

更地になってから地面に雑草が目立つようになってきた頃、賢一さんはそこでまた三人の警察官を見た。

三方を建物に囲まれた狭い土地で、警察官たちは足元の草を覗き込むように頭を下げ、それぞれ建物の壁のほうを向いていた。

賢一さんがバスを待っている間じゅう、その姿勢を保っていてまったく動かなかった。


その日の帰りに、更地になった土地に賢一さんは初めて立ってみた。

意外なほど広く感じて思わず一周してしまったが、靴の中にやけに小石が入り込むので途中で一度、脱いだ靴を振らなければならなかった。

奥の建物の壁に手をついていたとき、何か動物の体が身震いしたような揺れを感じた。気になって向こう側の通りに回ってみると、賢一さんが手をついていた建物は喫茶店だった。

店の名前を見ると、解体された廃墟の喫茶店と同じ店名で、どうやら裏が閉店してからはこちらで営業を続けていたらしい。

賢一さんは最長で二十年間それに気づかなかったことになる。

夕暮れの路地に店の窓は黄色い光をあふれさせていた。

店の中を覗いてみると、奥の方のテーブルにぽつんと、一人だけいる客が横を向いて座っている。

それは制服を着た警察官で、膝に手のひらを置いた姿勢で微動だにしなかった。

賢一さんがさっき手をついた壁の位置と、その警官のいる場所が一致しているような気がした。

かたくなに姿勢をくずさない警官の、制帽の鍔《つば》がわずかに前にかたむくのが見えた。

警官の前のテーブルにはなぜか豚の貯金箱が置かれていた。

白鷺《しらさぎ》

Tが時々店番をしていた古本屋は川のほとりにあった。

店主は母親の友人の年配の女性で、最近体調不良が続いているので病院に通うため、Tに手伝いを頼んでいたのである。

「でも客なんてほとんど来ないんですよ。もともと暇な時間を選んで病院に行ってたということなんでしょうけど」

退屈しのぎに彼は時々店の奥の部屋へ行き、窓から裏の川の流れを眺めた。

建物が崖のぎりぎりに建っていて、川面が見下ろせる角度になっている。

川にはカルガモや白鷺が餌をさがしたり、のんびりと日向《ひなた》ぼっこをする姿が見られた。

向こう岸には遊歩道があり、時々自転車をこぐ人や散歩する人が通り過ぎていった。

昼下がりの、眠たくなるような時間だったという。

Tはいつものように奥の部屋の窓辺に腰掛け、川を見下ろしていた。

今日は一羽も鳥が来てないなあ、とがっかりして視線を対岸に向けたとき、なんだか妙な印象の顔をした人と目が合った。

「両目がすごく大きいんだけど、顔は逆に普通よりふた回りも小さい感じ」

服装からまだ若い男性のように思えたが、顔は中年のようにも老人にも見える。

川沿いの手すりに肘《ひじ》をのせて、川面の鴨《かも》や鯉《こい》を眺めている人の姿勢だ。

だが顔はTに向けられたままであり、目も合ったまま逸らすそぶりを見せなかった。

「それを見てちょっとむかついたというか、失礼な奴だなって思ったんですよ」

Tも負けずに睨み返していると、対岸の人物は急に萎《しぼ》んだように弱々しくなって手すりの上にくずれた。

その様子が急病人のように見えたのでTが驚いて腰を浮かせると、手すりの上の人はそのまま身の幅が狭まって背丈も縮み、足が地面を離れて宙に浮いた。

「ほんの二、三秒のことだったと思います。くたっと体の力が抜けたと思ったら見る見る小さくなってしまって」

気がつけば、手すりに両腕を引っ掛けてぶらさがっている人形のようなものがあるだけだった。

ジョギングの人が通りかかると、その振動のせいか人形は仰向けに地面に落ちた。

そこから不自然にずるずると動くと擁壁《ようへき》の縁から川へとまっさかさまに落下していった。

「水に落ちてからはよく見えなかったんですが、たぶん流されたんだと思います」

店主の女性が帰ってきて店番を引き継ぐとき、Tはさっき見た光景のことを話した。

すると店主は浮かない顔で最後まで聞いていたが、それについてとくにコメントすることはなくただうなずいて彼に今日のバイト代を渡すと、一緒にきれいな飴玉をひとつくれたという。

飴玉を舐めながら帰るとき、Tはさっきの川の下流にかかる橋を通った。

古本屋の方角をふりかえると、夕闇にまぎれつつある瀬の奥行きにぽつりぽつりと白いあかりが点在している。

それはいずれも水や石の上に優雅にたたずむ白鷺だった。

見わたせる範囲の川辺に、白鷺が同時に五羽もいた。
そんなことは後にも先にも、この瞬間だけだったそうである。

番組の途中ですが

Oくんの奥さんの兄のような存在である佐竹さんは、昔テレビのクイズ番組に解答者として出演したことがある。そのときのビデオを先日ひさしぶりに見返したら、二十代の若い佐竹さんの顔にはずいぶんとホクロが目立っていた。思わず鏡を前に置いて見比べてしまったが、今の顔には見当たらない大きめのホクロが五、六個は見つかったようだ。ホクロって自然に消えたりするものなのかな？　そもそもこんなにホクロがあった記憶もないけど……。そう疑問に思いつつ画面を見ていると、佐竹さんの顔がアップになった。肌の色艶のいい、少し精悍《せいかん》なその顔に点在するホクロにはどれも羽と脚が生えていた。

えっ？　と思ってテレビの前ににじり寄ると、ホクロはふいに羽をひろげて顔から浮き上がったように見えた。カットが替わって引いた画面になったときにはもう佐竹さんの顔には目立つホクロが一つもなかった。

巻き戻して何度も静止画にしてチェックしたが、画質が粗《あら》くてはっきりとホクロが〝飛んだ〟ことまでは確認できなかった。だが番組の途中で複数のホクロが忽然と消えてしまったのだけは確かである。あまりくりかえし再生し続けたせいでテープがすり切れてしまい、予備もないという佐竹さんは同じ映像がネットの動画サイトにアップされていないか日々探し続けているという。

秘密

倉持さんが小学生の頃のことである。

母親は台所で夕飯の準備をしていて、妹がリビングのソファに横になって漫画を読んでいた。

倉持さん自身は何をしていたのかよく覚えていないが、おそらくテレビでも見ていたのだろう。

インターホンが鳴ったのに誰も出ようとしなかったので彼女が出ると、相手は「警察です」と名乗ったという。

「ヒロアキさんがお亡くなりになられましたので、その件でお話がありますから開けてください」

そう男の声は言った。ヒロアキというのは倉持さんの父親の名前である。

ガラス瓶で殴られたようにショックを受けた倉持さんはふらふらとキッチンへ行き、母親に今聞いたことを告げた。

するとと母親は玄関に飛んでいき、黙ってドアスコープを覗いていたがやがて鍵を開けずに引き返してくると倉持さんと妹に「静かに。何もしゃべっちゃ駄目、音も立てないで」と言った。


「ううんわかってる。前にもああいうの来たことあるんだよ」

母親はそう言って倉持さんたちの頭を撫で、二人をソファの裏に座らせると身を屈《かが》め、上から包み込むようにしてこうささやいたという。

「このこと、パパに言っちゃ駄目だよ。パパが知ったら怖がるから、秘密にしておいてね」

玄関にはしばらく人の身じろぎするような気配がしていたがやがて急に静かになった。いつも来客があったときに聞こえる、玄関先の砂利《じゃり》を踏む音はいっさいしなかったという。

「あれはいったいなんだったんだろうって、ずっと不思議だったんだよね」

妹はまだ幼すぎたせいか、何年かのちに倉持さんがこの日のことを思い出して話題にしたところ、すでに何もかも忘れているようだった。

「母親に直接訊けばいいんだけど、あの日のちょっと普通じゃない表情とか口調を思い出すと、なんか気後れして言えなかったんだ」

五年前に父親がまだ若くして肺癌で亡くなった後、家の中も落ち着いてきた頃にはじめて倉持さんは母親にあの日のことを訊ねる気になれたのだという。

「あー、そういうこと、あったかねえ。あなたよくおぼえてるわね」

しばらく考えこむように黙っていた母親は「わたしは二十年ぶりに思い出したわ」と口をひらいた。

だが母親にもじつは、それが何だったのかはよくわからないのだそうだ。

「ただドアスコープを覗いたら誰もいなくて、外の景色が海の中みたいに青かったのよ」

誰もいないのに、その青い視界の中でぼそぼそと複数の人間が何か相談しているような気配だけがしていた。

「前にも一度、パパの昔の部下だっていう人がうちに来たからドアスコープを覗いたら誰もいなくてね、外はやっぱりフィルターかけたみたいに青くていたずらされたのかと思ったんだけど」

そのときはドアを開けてしまったのだが、すると外の景色に異変はなく、レンズにも細工はされていなかった。

マットの上に立つと、周辺には魚をぶちまけたような生臭いにおいが残っていた。そのにおいが入り込んだのか、家の中がしばらく磯臭くなってしまって半日くらい取れなかったという。

この話を帰宅した父親にすると、いつもポーカーフェイスで物事に動じなかった人がひどくおびえたような顔をして、何度も詳細を訊きかえした。

そして黙って話を聞き続けるだけで自分の感想や意見は何も述べず、そのまま食事もとらずに部屋に引きこもってしまった。

「これは、この人にしてはいけない話だったのだ」

倉持さんの母親は、そう思ったというのである。

膝枕

千脇さんの知り合いの女性が子供の頃の話。

彼女は十五歳くらいまで頻繁に幽霊や不思議なものを見ていた人で、とくに十二歳前後は毎日のように夢か現実かわからないような体験をしていた。


ある朝リビングでテレビを見ながら朝食のパンを齧《かじ》っていると、隣の部屋で誰かが彼女を呼ぶ声が聞こえた。

名前を呼ばれたわけでもないのに、なぜか自分のことだと思った彼女は「はーい」と答えながら立ち上がってドアを開けた。

すると何もない部屋の中央にあぐらをかいている男の人がいて、その人の太ももを枕にして横たわっている母親の姿がある。

男の人は髭《ひげ》の剃り跡が青くて何だか顔がぬるっとした印象だった。

そんな気味の悪い人に甘えるように目を潤《うる》ませている母親のことも、彼女はなんだか気持ちが悪いと思った。

「今呼んだ？」

母親の顔だけを見るようにしてそう訊ねた。

だが母親は不思議そうに見つめ返すだけで返答がない。

よく考えたら呼ばれたのは女の人の声だったが、母親の声ではなかった。

ということは別な誰かがいるのかなと思って、彼女は母親の膝のあたりを跨《また》いで部屋の奥へ進み、そこにあったドアを開いてさらに隣室を覗いた。

そのとき腕を掴まれる感触で彼女ははっと我に返った。

四階にある部屋のベランダの手すりを跨ごうとして、足が宙に浮いている自分に気づいたという。

二ヶ月くらい前にこのマンションの屋上から飛び降りて死んだ若い女性がいて、眼下の歩道にはまだ花束が山のように供えられていた。

「どうしたの、危ないでしょうこんなことしちゃ」

母親に抱えられるようにしてリビングに戻り、壁を見たけれど隣室へと続いていたドアはどこにも見当たらなかった。

そもそもあんな部屋はここには存在しないし、母親はずっとキッチンで洗い物をしていたのだ。

「また何か見たの？」

母親にそう問われ、彼女はうなずく。

何を見たのかは訊かれなかったが、あの膝枕していた男と母のしどけない姿を思い出すと、訊かれなくてよかったと彼女は思った。


深夜、目が覚めると部屋の隅に人影が立っていたことがあった。

黄色い豆球の光の中でも、髭の剃り跡の青さや皮膚のぬらついた感じはあきらかだった。

いつか母親に膝枕していた男だ、と彼女は思った。

男は部屋の北東の角を覗きこむように腰を曲げ、こちらに尻を向けた。

緩《ゆる》そうなズボンの尻の部分だけがぴったりとして尻の形が浮き出る。

いやだな、どこかに行ってくれないかなと思って目をつぶると、壁を手でさぐるようなざらざらした音が聞こえてきた。

何をしているのだろうと思って薄目を開けると、青い髭剃り跡が目の前にあった。

十五センチほどの至近距離から男が顔を覗き込んでいたのだ。

彼女は布団にもぐりこんで「あっちへ行って！」と頭の中で叫ぶ。

するとまた壁を撫でるような音が部屋の隅から聞こえてきたという。

今度はもう彼女は布団から出てそれを見ようとはしなかった。

やがて音は、壁を軽く叩く音に変わった。

しだいに響きが強くなり、殴りつけるような激しい音が響き始めた。

彼女の頭の中には、興奮して檻の中で暴れる猿の映像がなぜか浮かんできたという。

唐突に音が止むと、代わりにかすかな鳥の鳴き声が聞こえてきた。

ゆっくりと布団から顔を出すと窓が明るくて、同じ部屋に寝ている母親の布団はすでに畳まれてそこにはなかった。


ゆうべ男が立っていた部屋の角を見ると、床のカーペットの上に白菊の切り花が数本落ちていた。

彼女は拾い集めたそれを神妙な気持ちで母親に見せにいった。

「誰かお客さんが忘れていったものじゃないかな、ちょっと待って、飾っておきましょうね」

ケトルに水を入れながら母親はそう言って、なぜかとても楽しそうに笑っていた。

病院公園

正巳さんが小さい頃によく遊んだ公園は病院公園と呼ばれていた。

入口に何も書かれていなかったから、正式な名称はわからない。

すぐ隣が古い病院だったから病院公園と呼ばれるようになったのだろう。

広さは病院の敷地と同じか、それ以上はあったようだ。

今では病院も公園もなくなってしまい、そのあたりの区画は大きく変わって住宅が隙間なく建ち並んでいる。

だから正確な面積はもうわからないが、子供の目には一度に把握できない広さがあった。

毎日のように通った記憶があるが、遊具や広場のある一角以外には、あまり立ち入ったことがなかった。

子供たちはだいたいその一角にいつも集まっていた。

それ以外のスペースは「大人のもの」という意識があり、行くのに気《き》後《おく》れする。だからこそ仲間と連れ立ってたまに全体を〈探検〉することもあったようだ。

正巳さんの記憶では、バス通りに近い側の入口を入るとすぐのところにすべり台があった。なぜかこのすべり台には注連縄《しめなわ》が張られていた。

ハシゴから斜面の裏側にかけて、子供の腕ほどの太さの縄が渡されていた。

誰かのいたずらにしては、縄から垂れる紙垂《しで》が時々きれいなものに付け替わっていたようだ。

だから管理している人がいたのだろう。

このすべり台には正巳さんは悲しい思い出がある。

一年生のときクラスで最初に友達になった高儀くんが、すべり台の斜面を頭から転げ落ちてしまい大怪我をしたのだ。

その場に正巳さんはいなかったが、居合わせた上級生によると高儀くんは落ちる直前まで「×××××（TVのヒーロー物）の主題歌を、聞いたことのない歌詞で歌っていた」のだという。

歌い終わると同時に、その無謀なジャンプが行われたのだ。

高儀くんは入学してたった半年で学校に来られなくなってしまった。

二年生になってようやく教室に帰ってきた高儀くんは、杖を突いていて厚い眼鏡をかけ、あまり笑わない子供になっていた。

何より正巳さんのことをよく覚えていないらしく、話しかけても反応が鈍い。ただ××××（TVのヒーロー物）の話をしたときだけは、突然奇声を上げて暴れだし、いつもの大人しさとは一変して手が付けられない状態になってしまった。

そのとき振り回した杖が正巳さんの顔に当たって歯が折れてしまい、後日高儀くんと母親が家に謝罪に訪れた。敬語でよそよそしく謝る高儀くんを見て正巳さんは、本当に友達だったことを覚えていないのだなと思い、胸が苦しくなった。


病院公園にはホームレスが住んでいた。

大人たちの話では、何人も住み着いていて「治安が心配」とのことだったが、正巳さんは一人のホームレスにしか会ったことがなかった。

その男性は髪と顔と服が同じ色をしていた。手が長くて、木の枝に引っかかったフリスビーをただ手を伸ばすだけで取ってくれたことがあった。

突然怒り出すこともあり、そんなときは高儀くんが暴れた日のことを思い出して正巳さんはつらくなった。男性は物を振り回すことはなかったが、石を投げたり、一度はどこかで拾った猫の死骸を投げてつけてきて子供たちはパニックになった。正巳さんとその仲間は逃げ回り、息を切らせて仲間の一人が住む団地の敷地まで逃げ込んだ。猫を投げられた衝撃で、そもそもホームレスの男性がなぜ怒ったのか忘れてしまった。

おそらく男性の身なりや臭いをからかったり、非難するようなことを言ったのだろう。穏やかなときの彼は砂場からきれいな石を取り出して見せてくれることがあった。カタツムリの殻ほどの大きさの、青や紫の丸い石である。

見せてくれるだけで、ふたたびそれを砂の中に戻してしまう。だから彼が去った後で正巳さんたちは砂場を掘り起こし、さっきのきれいな石を手に入れようとした。

ところがずいぶん深いところまで掘っても、あんなに目立つはずの石がまるで見つからない。ホームレスの男性は今までそこで十種類くらいの、その都度違う石を取り出してみせた。すべてここに埋まっているはずなのに、子供たちは一個も掘り出すことができなかった。

これに関しては電器屋の息子のナオちゃんがひとつの情報をもたらした。

公園のジャングルジムの中の地面には、雨傘をすぼめたような形のきのこが生えている。公園の外も含めて、他では見たことのないきのこである。

ホームレスの男性がそのきのこを鍋で煮込んで食べている、という話を正巳さんはナオちゃんから聞かされた。

男性が珍しく酔っ払っていて機嫌のいいときに、その鍋の食べ残しを見せてくれたというのだ。

このきのこを食べた後は頭の中で考えたことが本物になるんだ、と男性は自慢げに語っていた。

きのこを食べてしばらくの間は、頭の中にきれいな石の映像が浮かぶ。その状態で砂に手を入れると、まるで頭の中に手を入れたみたいに石が取り出せるのだという。

ナオちゃんは弟と二人で話を聞き、きのこ鍋の残りを食べるよう勧められた。

お腹を壊したら親にばれて叱られると思った彼は、弟を遮《さえぎ》って自分だけが食べてみることにした。

ほんの一口だったが、いやな臭いと苦味を感じてすぐに吐き出してしまった。

すると男性の機嫌が見る見る悪くなり、物を投げつけられそうになったのであわてて退散したという。

家に帰る道すがら、弟が妙なことを言い出した。

さっき砂場で拾ったきれいな石を自分にもさわらせてくれ、とねだるのだ。

石なんて拾ってない、とナオちゃんが答えても「ずるい、ひとり占めにしてる」と言って泣きそうになっている。

どこにあるんだよそんなの、と声を荒げると、弟はナオちゃんのジャンパーを指さした。

厭な胸騒ぎを覚えながらポケットに手を入れてみる。

すると冷たく丸い感触に指が触れた。

取り出したのは、カタツムリの殻ほどの大きさの、丸くて青い石だった。

弟はすばやくそれを奪い取ると、満足そうに顔を近づけて眺め、頬擦りまでしていた。

これぼくが持っててもいい？　と目を輝かせる弟にナオちゃんは黙ってうなずいた。

だが石を拾ってポケットに入れたことは、どうしても思い出せなかった。

この話を翌日の教室でナオちゃんが披露したとき、

「その石は今どうしてるの？」

正巳さんがそう質問すると「弟がずっと離さないから、今も学校に持ってきてると思う」とナオちゃんは答えた。

そこで休み時間にみんなで弟の教室へ行って、石を見せてもらおうとしたのだが姿が見当たらない。

教室にいた男の子に訊いたところ、授業中に母親を名乗る女性が迎えに来て、担任に「親戚で不幸があったので早退させたいんです」と言って連れて帰ったのだという。

それを聞いてナオちゃんの顔がさっと青ざめた。

もしその話が本当なら、ナオちゃんのところにも同様に母親が迎えに来なければおかしい。その子からは迎えに来た母親が全身青い服を着ていたという証言もあったが、そんな服装の母親を一度も見たことがないとナオちゃんは言った。

だが弟はその女性に素直についていったというから、誘拐の類とは考えられない。単に幼い弟だけをひとまず連れていき、兄の方は父親と一緒に後から合流する算段なのかもしれない。

みんなであれこれとそんなふうに推理をしあったが、ナオちゃんの顔色は冴えないままだった。

その日の放課後、ナオちゃんがほとんど駆け足で帰宅すると弟は家でテレビを見ていた。お母さんはどこだと訊ねると、知らないと答える。

一緒に帰ってきたんじゃないかと問えば、いや違う、知らない女の人とだったと答えた。知らない女の人だったけれど、やさしそうだから後をついていったというのだ。

弟は目の焦点が合っていないようで、話しながら口の端によだれを垂らしていた。

女の人について学校を出ると、知らない川のほとりをずっと歩いたという。

時々魚が跳ね、誰も乗っていないボートが川面を流れていった。

女の人はおしゃべりで、ずっと何か話しかけてきたがほとんど何を言っているのかわからなかった。

それでただぼーっと後をついていったら、いきなり腕をねじり上げられて、

「いいから石を返せ」

そう言われたのだという。

弟は怖くなって、ポケットから青い石を取り出すと女に手渡した。

すると女の人はいなくなり、ずっとほとりを歩いてきたはずの川も見えなくなったと思うと、自宅の前の歩道に立っていたそうだ。

弟が焦点の合わない目で、よだれを垂らしながら語った話をまとめると大体そんな内容だった。

ナオちゃんは半信半疑だったが、しばらく経って帰宅した母親に訊ねても、やはり弟を迎えになど行っていないという返事だった。

親戚の誰にも不幸などはなかったのだ。

ナオちゃんの弟はこの件以来、病院公園のことを異様に怖がるようになった。

あのときの青い服の女の人がいると言って、入口から先へけっして進もうとしなかった。

正巳さんたちの目にはそんな女の人の姿は見えない。

けれど本気で怯えているナオちゃんの弟を見てしまうと、ここは何かよくない場所なんじゃないかと思えてしまう。

しだいにこの公園を遊び場にすることが減っていき、前後して学校での噂が広まっていった。

つまり公園は一種の心霊スポットとして語られる場所に変わっていったのである。

毒きのこを食べて暴れるホームレスと、子供をさらう青い服の女の人が噂のおもな登場人物たちだった。

ただ、すべり台に張られた注連縄のことはなぜか語られていた記憶がないという。

あんなに目立つ場所にある異様なものがあっさり無視され、空気のように扱われていた。

誰にも注目されないまま、つねに新品のような真っ白な紙垂を垂らしていたのだ。

そのことを思い出すと、正巳さんは今でも落ち着かないような、そわそわした気持ちになってくる。

中学生の頃に園内の樹木で首を吊ったホームレスがいたと聞いたが、それがあの石を見せてくれた男性と同じ人なのかどうかはわからないそうだ。

不在票

宅配便の配達員をしていたBさんがあるマンションの部屋のチャイムを鳴らすと、人の気配がするのに玄関に出てこない。

「宅配便です」と大きめに声を掛けたがやはりドアは開かなかった。

物音はしているし、さっきから気配が何度もドアに近づいたり遠ざかったりくりかえしているようにも思えたが、しかたなく不在票を置いて立ち去ろうとした。


すると隣室のドアがいきなり開いて、目も鼻も口もないニンジンのような真っ赤な顔が隙間から突き出された。

「ここがぁとなりがぁ、きのつけたれぇになんなる」

そう野太い声でニンジンが言うと、すぐにまたドアが閉じてしまった。

ショックのあまり動けなくなっているBさんの前で、不在票を入れた方のドアがまるでタイミングを計ったようにすっと開いた。若い男が顔を出すと無言で荷物を受け取って、伝票にサインをしてからちらっと隣のドアに視線を送った。

「そこ空き部屋なんですよ」

ぼそっと告げるとドアを閉めた。

Bさんがよく見ると隣のドアノブには電力会社の封筒がぶら下がって、ドアポストにはガムテープで目張りがしてあったという。

不味《まず》いおはぎ

修さんは貧乏で腹を空かせていたとき、たまたま通りかかった祠《ほこら》に年寄りがおはぎを供えるところを見た。

そのおはぎをこっそり持ち帰って自宅で食べたところ、まるで味がない。なんだこれ不味いなと思いながらも空腹が勝って完食した。

それからというもの、修さんは何を食べても舌に味を感じなくなってしまった。

何を口に入れても石ころや紙でもしゃぶっているのと変わらない。匂いをかいで期待した味がどの食べ物にもなく、騙されたような気分になる。

これはあの祠の神様が怒っているのだと思った彼は、和菓子屋で買ってきたおはぎを先日の祠に供え「ごめんなさい、もういたしません」と手を合わせて心から謝ったという。

それでも味覚は彼の舌に戻らなかった。

病院で調べてみても原因はつきとめられないままで、おはぎの盗み食いからすでに十二年経った今でも辛さや苦味がかすかにわかる程度しか味覚は回復していない。

食べる楽しみが失われたせいか、もうかつてほどの貧乏ではない修さんだが病人かと思うほど痩せている。

そんな修さんには味がわからなくなってからよく見る夢、というのがひとつあるという。神社のようなところに、賽銭箱《さいせんばこ》の代わりに置いてある洗濯機があって、訪れる人がみんなそこで自分の衣類を洗濯していくという夢だった。

だからおそらく神社ではなくコインランドリーのようなものなのだろう。

修さんも大きなランドリーバッグを抱えているので、洗濯をしたいのだがなかなか順番が回ってこない。

どこからか次々と人が現れて洗濯しているのだが、その人たちが並んでいる行列が見えないのだ。

それに洗濯機が回っているあいだは大音量で暑苦しい演歌のような音楽が流れる。

何度も同じ歌声が流れるから、歌詞が耳から離れなくなってしまった。

低いさわぎの壁際に　なせば悪事の鳩となる
未練つのれば手を叩く　草葉の陰の案山子《かかし》にも
甘いおはぎの殴り書き　ろうそく以上筆未満
男涙のししおどし　鳴らして仰ぐ天の川
犬が舐めればなおうれしい　天の川にもああ、小屋が建つ

それだけの歌詞が延々と渋い中年男の声で歌われているのだ。

歌詞の意味もわからない。ただ、おはぎという言葉が出てくるから何か祠と関係のあるものかと思う。それ以上のことは不明だった。この歌を聞いているのがつらくて修さんはつい洗濯機の傍を離れてしまう。なるべく音から遠ざかっていようとすると、いつのまにか次の人の洗濯が始まっていて、いつまでも自分の番にはならなかった。

話を聞くといかにも典型的な悪夢なのだが、修さんはこの夢を見ているあいだ幸福な気持ちに包まれているという。

自分のこれまで犯した罪――それはおはぎの盗み食いに限らないそうだが――が、静かに赦《ゆる》されていくような感情のたかぶりを覚え、目ざめると枕を濡らしていることも少なく

ないそうだ。

例の演歌も、迷惑に感じているのは夢の登場人物としての修さんで、その外にいる、いわば夢を見ている〝観客〟の方の修さんは聞きながら心に染みるような感動を覚えている。だから起きているとき、たとえば仕事中や通勤電車の中でも無意識に口ずさんでいることがある。

たいていは自分では気づかず、他人に指摘されてあわてて歌うのを止めるのだ。何の歌なんですか、と人に訊かれたときは修さんはこう答えるという。

「人生の応援歌みたいなものです。歌詞の意味はわからんのですがね」

妹の恐怖

栗田くんの妹は人見知りだが、ある日外出先の交差点で信号待ち中、知らないおじさんに駆け寄ってすがりつくようにして話しかけていた。

おじさんは子供嫌いなのか、無視して仏頂面で前を向いたまま。

恐縮した父親が妹を叱りながらおじさんから引き離したものの、妹は離されてもまだおじさんに向かって声を高くしてしゃべり続けている。

その内容というのが「最近すごく暑くて厭になるね」「日傘を持ってくればよかった」「ここは赤信号が長いけど、青になると短いよね」みたいな、まるで大人がする無駄話のようなものだった。

ふだん家族に対してもそんな話はしないので違和感があったが、その後信号が変わっておじさんの姿を見失ってからは、まったく普段どおりの妹に戻っていた。

翌日浴衣を着て近所の川原で花火をしていると、妹は突然「昨日は怖かった」と言い出した。

何のことかと思ったら、交差点にいたおじさんのことだという。

おじさんがあんまり怖かったから思わず話しかけてしまった、ということだった。

その理屈もよくわからないが、いったい何が怖かったのかと栗田くんが訊ねても、妹は自分でもよくわからないらしい。

この話をし始めたとたん妹は好きな花火をするのをやめてしまい、しまいには家族から離れて草むらに立ってしくしく泣き始めた。

おかげで栗田くんは父親に自分がいじめたのだと誤解され、釈明するのに骨を折った。

昨日のおじさんの件を思い出させることで、ようやく父親に話が通じたという。

だが父親も妹がおじさんを怖がった理由がさっぱりわからないようで、とまどい顔のまま花火を片付けてみんな無言で家に帰っていった。

一週間ほど経った朝のこと。

「びっくりしたなあ、交差点で会ったおじさんが載ってるぞ」

そう言って出勤前の父親が今朝の新聞を見せてくれた。

てっきり殺人犯か何かだったのだと思った栗田くんが興奮して紙面に目を落とすと、開かれていたのは文化面で、おじさんはあのときの仏頂面とは打って変わった優しそうな笑顔の写真だった。

父親の話によれば、最近話題になっている漫画の作者インタビュー記事らしい。アニメ化もされてヒットしているというその漫画は、大人向けのものだが栗田くんもタイトルぐらいは聞いたことがあった。

へーっ、有名な漫画家だったんだ。変なファンに絡まれたと思って無視したのかなあ、そんなことを話していると妹が起きてきて、テーブルに広げられた新聞の写真を見ると表情をさっとこわばらせた。

漫画家なんだってさ、と栗田くんが話しかけても妹は聞いている様子はなく、朝食にも手を付けず家を出る時間までずっとクッションに顔を押し付けてしくしく泣いていたという。

栗田くんの妹は二十六歳のときに、交差点を右折してくる酒気帯び運転の車に轢かれて重傷を負った。

運転していた男があの漫画家の大ファンで、二十年前にはファンクラブの副会長まで務めたことがあることを、その男のブログを見つけた友人が栗田くんに教えてくれた。

栗田くんは妹にはそれを伝えなかった。軽いとは言えない障害が妹の体に残るとわかった以上、伝えるべきではないし、自分の胸にとどめるべきだと思ったのである。

面の歪み

遼子さんの通っていた大学は郊外の緑の多いところにキャンパスがある。

駅からはバスで通うが、学生以外ほとんど利用者のいないそのバスに時々、お面をかぶったおじいさんが乗ってくることがあった。

手製の面なのか、鼻の低い天狗《てんぐ》のような見慣れないデザインで、つくりが粗《あら》かった。

なんとなくかたちが歪んで苦しそうな顔つきに見えた。

おじいさんの乗り降りするバス停はいつも決まっていて、ある橋の袂《たもと》から乗り込み、二つ先の郵便局の前で降りていた。

大学へ向かう方向のバスでだけ目撃され、逆方向のバスに乗ってくることはなかったという。

背格好や服装、お面の外に出ている皮膚や髪の毛などを見るにあきらかにおじいさんなのだが、混んでいる車内で学生に席を譲られてもけっして座ろうとしなかった。

そもそも聞こえているのかどうかもわからない。じっとポールにしがみついて、そこしか居場所がないかのようによろよろと立ち続けていた。

遼子さんの友達のUくんがある日、このおじいさんの後をつけてみようと思って同じ停留所でバスを降りた。

郵便局の前を通り過ぎ、バス通りから斜めに分かれていく細い坂道をおじいさんは上り始めた。

途中から道は階段になり、手すりもないきつい勾配《こうばい》の階段をおじいさんはひどくゆっくりと、時々休みながら上っていく。

Uくんもしかたなくそのたび立ち止まり、気づかれないかと冷や冷やしながら尾行を続けた。

このときUくんがSNSに投稿した写真が何枚か残っているが、いずれもおじいさんはお面をつけた顔をカメラに向けて見下ろして写っている。

だがUくんが投稿前に確認したときは、いずれも後ろ姿を撮った写真に間違いなかったのだという。

おじいさんはやがて階段坂の頂上へとたどり着いた。

道が二方向に分かれていたが、おじいさんは右に曲がっていった。

沿道には民家が並んでいて、人の住んでいる家と空き家が半々くらいに見える。

空き家の中には窓に板を打ち付けてある家も散見された。

やがてひときわ大きな、お屋敷と呼んでいいような家の前でおじいさんは立ち止まった。

門扉を開けて入っていったのを見届けて、Uくんは「お面じいさんの自宅つきとめた」とSNSに投稿した。

写真も撮っておこうと思い、お屋敷の前まで歩いていった。

ところがおじいさんが入っていったように見えた場所に門はなく、凝ったつくりの花壇が塀を少しえぐるかたちに設えてあったという。

鉄の装飾的な門扉が開くところをたしかに見ていたので、Uくんは焦って周囲を確かめたが、かなり離れたところに大きな褐色の木の扉があるだけだった。

お屋敷を見上げると、二階の窓から女の人がこちらにじっと目を向けていた。

とてもきれいな顔の人に見えたが、すぐに白い紙袋のようなものをすっぽり頭にかぶってしまい、その穴のあいていない紙袋の顔をこちらに向けた。

体を軽く左右に揺らしながら窓の前に立っている。

Uくんは気分が悪くなって、いそいそと道を引き返してきた。

急な階段を下りると、思っていたのとはまるで違う場所に出てしまった。

結局降りたバス停には戻れず、迷った末に大学に着いたときには夕方になっていた。

Uくんたちの頃とは学生も代変わりして久しいけれど、おじいさんは今もバスで時々目撃されているらしい。

ただ、乗るバス停と降りるバス停はそれぞれ二つ先に進んでいるそうだ。

矢

六年前の正月のことである。芝田さんがひとりで毎年恒例の初詣に行ったら頭に破魔矢《はまや》が刺さっている若い男が歩いていた。

後頭部から額へと矢は貫通しているように見えた。

そんな状態のまま連れの女性とにこやかに談笑しており、時おり手もとの携帯電話を覗き込んだり、腕を伸ばしてポーズをつけ、自分たちの写真を撮ったりしている。

毎年必ずテレビ中継の入る有名な神社である。あわよくば夕方のニュースに映ろうという受け狙いの仮装であろう。

そう思って芝田さんが冷ややかに眺めていると、矢がずるりと動いて男の前髪を持ち上げた。そのまま矢羽まで一気に抜けきると、人込みの上をふわりと飛んだ。

呆気にとられて見ている芝田さんの頭上を軽々と越えると、矢は参道のかたわらにあった池の上で突如急降下して水に飛び込んだ。

だが受けとめたはずの池は波紋一つたてず、池畔の松の枝と石灯籠《いしどうろう》をくっきり映したまま静まり返っていた。

たった今受けた衝撃を分かち合いたくて芝田さんは参拝客を見渡したが、彼が見た信じがたい光景に反応している人間は皆無のようだった。

矢の刺さっていた男は連れの女性を引きずるように参道から横道に逸れていって、すぐに姿が見えなくなった。

矢には鳥のような二本の足があり、飛ぶときぶらぶら揺れていたという。

池に落ちるとき千切れたように見えたが、やはり水面のどこにも見当たらなかった。

老人

若い男が経営している古本屋の店番が今日は老人だ。顔が似ているので父親か、もしかしたら祖父かなと思いつつ店を出てふりかえると、いつもの若者が座っている。いつ入れ替わったのだろう。そんなことが幾度かあった。

四十年ぶりに故郷の町に移り住み、訪れた古本屋は昔の建物のまま、店主だけが年老いている。その姿が昔何度か店番にいた老人にそっくりなので、思わず話しかけたところ「そういえば最近たまに、今時誰も着てないような服の客が入ってくることがあるんだよなあ」そう独り言のようにつぶやいて店主は首をかしげている。

彼の父や祖父が生きていた当時、店番を頼んだことは一度もなかったそうだ。

息子の友達

食品販売会社に勤める千嶋さんが結婚して子供を産んだ。

その男の子が七歳のときに、家に子供の友達が遊びに来た。名前はシンくんという。

どうやら学校で同じクラスの子ではないらしく、どこで知り合ったの？　と聞いても息子は照れたように笑うだけでちゃんと答えない。もともとそういうところのある子だったので、深く考えずに放っておいたらシンくんは頻繁に遊びに来て、どうも遊びながら息子に暴力を振るっているらしい。

息子の体に怪我があってどうしたのかと問うと、遊んでいるときにできたという。だが他の子と遊ぶときにはそんなことはなく、必ずシンくんと遊んだ後に痣《あざ》や傷ができているのだ。

シンくんは見たところ大人しそうな子供で、いかにも乱暴そうなタイプとは違う。だが状況証拠的に怪しんでいた千嶋さんは、子供たちが遊んでいる部屋をそっと窺ってみた。

すると二人は大人しくゲームをやったり、男の子に人気のＴＶヒーローの載った本を眺めて楽しそうに話をしている。

やっぱり考えすぎだったのかなと思い、シンくんと遊ぶのをやめさせようとまで思っていた千嶋さんはほっとしてしばらく様子を見ることにした。

だが千嶋さんが部屋を覗いた日からシンくんは家に遊びに来なくなってしまった。息子に訊くと公園など外では一緒に遊んでいるようで、なぜうちで遊ばないのかと訊いたらシンくんが嫌がるからだという。

「うちで遊ぶと、のぞかれるからいやだって」

それを聞いて千嶋さんは腕がぞっと粟立つのを感じた。

やっぱりあの子と遊ばせるのはまずいんじゃないか、そう思って夫に相談したが、夫はシンくんにまったく悪い印象を持っていないようで話がいろいろと噛み合わない。むしろシンくんをかばうようなことを言い出したので腹が立って喧嘩になってしまった。

それから千嶋さんはシンくんのことをいろいろ調べてみたが、学校の同じ学年にはそんな子はいないようで、息子の言っていたシンくんの家の場所から考えてよその小学校の子とも考えにくい。考えてもみなかったが、もしかして上級生なんだろうか。そう思って息子に訊くとあっさり「三組の子」だと答えた。息子は一年二組だから、隣のクラスの子だということだ。しかし三組には母親同士が親しいカナちゃんという女の子がいて、シンくんのような子はクラスにいないことを確認していた。

そのことを強めに息子に言うと、不服そうに目をそらしてフォークでウィンナーを突きまわしている。千嶋さんが振り向かせようと手首を取ると、珍しく癇癪《かんしゃく》を起こした息子がコップを床に落として割ってしまった。その途端ワッと泣き出して、後はひたすらごめんなさいと謝るばかり。コップを割ったことを謝っているのか、嘘をついていたことを謝っているのかさえ千嶋さんにはわからないほど、取り憑かれたように泣き喚《わめ》いていた。

それから息子はシンくんの話をしなくなった。千嶋さんは息子が誰と遊んできたか毎日それとなく確認したけれど、たしかに別の子供とばかり遊んでいるようだった。

おそらく半年くらいの期間、息子の友達だったシンくんは、そうして千嶋さん一家の前から姿を消した。

高校生になっていた息子にある日、そういえばシンくんっていう子がいたねと千嶋さんが話しかけたことがある。

すると部活で遅く帰ってきて一人で食事をしていた息子は少し考えてから、

「ああわかった。殺されちゃった子のことか」

と言って小さく崩したカレイの煮つけを口に運んだ。

自分より一つ年齢が上で、小学一年生のとき変質者に殺された男の子を地元の人たちがみんな「シンくん」と呼んでいた。

思い出しながらそのように語る息子をさえぎって千嶋さんは、

「そんな子もいたかもしれないけど、そうじゃなくて、うちによく遊びに来てたシンくんだよ。××さんの二軒隣に住んでるってあんた言ってたじゃない」

そう苛立《いらだ》った声を上げると、息子は答えた。

「××って天神様の通りの工務店？　だったらその二軒先って、まさに殺されちゃった子の家じゃん。それにさあ」

息子は母親から顔をそむけるように窓の方を向いた。

「母さんおれが友達連れてくると、うるさいとか、玄関が汚れるとか、夕飯の予定が狂うとか言ってすごく嫌がったじゃない。友達が帰った後は悪口ばっかり聞かされてたし。だからうちによく遊びに来てた友達なんて、今にいたるまで一人もいないよね」

独り言のように言うと、それきり黙ってしまった。

千嶋さんは言葉を失い、息子のトレーナーの裾を見つめた。

大きな仏壇

お祖母《ばあ》さんの存命中に門馬さんが聞いたという話。


昭和三十年代頃、お祖母さんの家の近所に足の悪い男の人が住んでいた。

いつも杖をついて歩いているので、荷物があると大変歩きづらそうに見える。

そんなときは声を掛けて荷物の一部をお祖母さんが持ってあげたりしていた。


家に着くまで並んで歩きながら話をするのだが、男の人はいつも同じ話しかしなかった。

自分の家には人がすっぽり入れるくらい大きい見事な仏壇があり、時々お母さんが中に隠れて扉を鎖《とざ》してしまうので困る。

ご飯を作ったり洗濯をしたくないから閉じこもるらしいが、まったく年寄りになると人間は性質が我が儘《まま》になって困る。

そんなことを毎度同じような口調で愚痴《ぐち》るのだが、男の人の母親は何年も前にとっくに亡くなっていて、彼は独身の姉と二人暮しだった。

お祖母さんはもちろんそれを知っていたので、真面目な顔をして変な冗談を言う人だなと思っていたという。

荷物を持ってくれたお礼にと玄関先でいつも蜜柑《みかん》や飴《あめ》を渡されたが、家の中に上げてくれたことは一度もなかった。

だから人の入れるほど大きな仏壇をお祖母さんは、彼の話の中でしか知らなかった。

その足の悪い男の人が若くして腎臓病で亡くなったお通夜のとき、お祖母さんは初めて彼の家の座敷に上がった。

一年ほど顔を見ていなかったのだが、骨と皮のようにやせ細った死に顔を見てお祖母さんはあらためて胸を痛めて、故人の冥福を祈った。

部屋の隅《すみ》に白木の仏壇があり、扉が閉じられていた。

このあたりの土地の習慣で、通夜や葬儀の際は仏壇は閉じておくことになっていた。

その小さな仏壇を見て、やはり人が入れるほどの大きさではないんだな、とお祖母さんはどこか安心したような気持ちになったという。

裏方の女手として忙しく立ち働き、ようやく夜遅く帰宅して玄関で清めの塩を撒いていたときのこと。

廊下の奥から幼い息子が顔を出し、彼女の顔を見るとびっくりしたように飛び上がって居間に引っ込んだ。

不審に思ったお祖母さんが仏間まで逃げていった息子をつかまえて話を聞くと、

「お母さんが、お坊さんになっちゃったの」

息子はそうくりかえし訴えて泣き顔になっている。

母親の帰りに気づいて顔を覗かせると、玄関が黒と金色の見慣れない色合いに見えて、まるで巨大な仏壇のように感じたので怖くなったのだという。

そこで背を丸めて草履を脱ぐ母親がまるで、お経を唱えるお坊さんの姿に見えたのだ。

お祖母さんいつもは洋装で、礼装のときだけ和服を身につける人だった。

見慣れない装いの母親への違和感も、子供の不安を煽《あお》ったのかもしれない。

そんな我が子の臆病さを笑うと、

「さっきまで雨が降ってたからね、玄関の明かりがぎらぎら反射してそう見えたんだろう」

お祖母さんはそう言って、もらってきた饅頭《まんじゅう》を分けてあげた。

「でもお葬式はべつに怖いものじゃないんだよ、亡くなった人が道に迷わないように、みんなであっち側へ送ってあげる儀式なんだから」

そのように優しくたしなめると、寝間着の袖で涙を拭った息子は、大好きな饅頭を頬張ってようやく笑顔を見せた。


その子供は門馬さんの伯父さんにあたる人で、生きていればもう還暦を迎えていたはずである。

玄関が仏壇に見えたと訴えた日から七日目の午後、彼は自宅の押入れで遊んでいたときに、丹前《たんぜん》の帯が首にからまって窒息死した。

お祖母さんが息子のために縫ってあげたものの、まだ大きすぎると衣装箱にしまっていたはずの丹前だった。彼は衣装箱から蓑虫《みのむし》のようにぶら下がって死んでいた。

伯父さんの位牌は門馬さん宅のリビングにある家具調の仏壇に、彼の両親の位牌とともに納められている。

あとがき

日本語では四は死に通じるなどと言いますが、計四巻を数えました実話怪談覚書シリーズをいったん縁起良く「死」に至らしめまして、このたび装いも新たに怪談実話『奇々耳草紙』として本書を上梓することとなりました。

集まった奇怪な話を淡々と外連味なくお届けするという基本姿勢はこれまで同様です。大小さまざまな奇妙な話、いびつな話を取り揃えています。固有名詞については一部を除いてイニシャルや仮名で対応させて頂いております。

怪談本の執筆中はいろいろと体調異変などを起こしやすく、今回は「ぎっくり背中」というやつに罹って突如背中が痛すぎて身動きできなくなったりしましたが、どうにか背中以外の部分を使って書いてこうして刊行に到ることができました。

それから今回は単著五冊目にして初めて怪現象にも遭遇しました。ウィスキーと氷の入ったコップから氷だけが勝手に飛び出して、飛距離三十センチほどのジャンプを見せたのです。

とはいえ飛び出す瞬間は目を離していたので、氷が自力で跳んだのではなく、中空に毛むくじゃらの掌でも現れて指で弾いたのかもしれませんが、とにかく執筆期間中にこんなことを初体験したというのも何か意味のあることかもしれません。

跳んだ氷は花火的なものなのか、それとも威嚇射撃的なものだったのか。いずれにせよ本書の中には不可視なあちらさんが「ぜひそれを書け！」または「絶対それを書くな！」と唾ならぬ氷を飛ばして口を挿んだ話が混じっている可能性があります。

怪談など書いているくせにそういう感性がゼロの筆者にメッセージの解読は困難なため、どうか読者の皆様の方でこれがそうなんじゃないか等々のピンと来たものがありましたらご教示いただければ幸いです。

世の中はますます息苦しく、あらゆる人の肩身を狭くしつつ空気ばかり主役面でのさばっている気がする昨今ですが、怪談というもう一つの回路が我々を取り巻く空気にいくらか毒を混ぜ、ひそかに小さな死を見せてくれる、そうしたある種の〈負の力〉はまだまだ捨てたものじゃないと思うのです。いわゆる幽霊らしい幽霊の姿を益々とらない可能性を含め、あちらさんの動静からは今後さらに目が離せなくなる予感がしています。

いろいろ集まりましたら、またご報告させていただければと思います。

我妻俊樹

FKB 怪幽録 奇々耳草紙

2015年3月7日　初版第1刷発行

著者　我妻俊樹
デザイン　橋元浩明(sowhat.Inc.)
企画・編集　中西如(Studio DARA)
表紙イラスト　里見ゆう
発行人　後藤明信
発行所　株式会社 竹書房
〒102-0072 東京都千代田区飯田橋2-7-3
電話03(3264)1576(代表)
電話03(3234)6208(編集)
http://www.takeshobo.co.jp
振替00170-2-179210
印刷所　図書印刷株式会社

定価はカバーに表示しています。
落丁・乱丁本は当社にてお取り替えいたします。

ISBN978-4-8019-0193-3 C0176